Paul Schnell

Das marokkanische Atlasgebirge. Erster Teil

Paul Schnell

Das marokkanische Atlasgebirge. Erster Teil

ISBN/EAN: 9783743450899

Hergestellt in Europa, USA, Kanada, Australien, Japan

Cover: Foto ©Andreas Hilbeck / pixelio.de

Manufactured and distributed by brebook publishing software (www.brebook.com)

Paul Schnell

Das marokkanische Atlasgebirge. Erster Teil

Das marokkanische Atlasgebirge.

Erster Teil.

Inaugural-Dissertation,

zur Erlangung der Doktorwürde bei einer hohen philosophischen Fakultät zu Göttingen eingereicht

von

Paul Schnell,

ordentl. Lehrer am Realprogymnasium zu Mühlhausen i. Th.

Gotha.
Druck der Engelhard-Reyherschen Hofbuchdruckerei.
1891.

Inhaltsverzeichnis*).

	Seite
Einleitung	1
A. Allgemeiner Teil	
I. Kurzer Abriſs der Geschichte der Erforschung des marokkanischen Atlasgebirges .	4
II. Übersicht über die geognostischen Verhältnisse des Atlassystems und seine vertikale Gliederung	19
B. Spezieller Teil	
I. Der Hohe Atlas.	25
a. Der Westflügel des Hohen Atlas.	
1. Westlicher Teil.	26

Karte.

Der westliche Teil des Westflügels des Hohen Atlas. Maſsstab 1 : 1 750 000.

---

*) Die ganze Arbeit erscheint in kurzer Zeit als Ergänzungsheft zu Dr. A. Petermanns Geogr. Mitteilungen.

Berichtigungen.

S. 7, Anm. 2: lies „Faltengebirge" statt „Felsengebirge".
S. 9, Zeile 4 von unten: „ „des" „ „dieses".
S. 12, „ 10 „ oben: „ „Mulnia" „ „Muluja".
S. 18, „ 4 „ unten: „ „Schauia" „ „Schauja".
S. 22, Anm. 17 „ oben Komma vor „auf".

Referent: Prof. Dr. H. Wagner.

Tag der mündlichen Prüfung: 17. November 1890.

Seinem hochverehrten Lehrer

Herrn Professor Dr. Hermann Wagner

dankbarst gewidmet

vom

Verfasser.

Google

Einleitung.

Es ist eine merkwürdige Erscheinung, daſs dasjenige Gebiet Afrikas, welches Europa am nächsten liegt und von diesem nur durch die 14 km breite Strafse von Gibraltar getrennt ist, unserer geographischen Erkenntnis mit am längsten verschlossen gewesen ist. Durch eine seltsame Verknüpfung historischer Ereignisse ist jene befahrenste aller Wasserstraſsen der Welt zu einer der schärfsten Kulturscheiden zwischen Kreuz und Halbmond geworden und der gebirgige Nordrand des dunklen Erdteiles, obgleich schon früh intensiver als irgendein anderer Teil desselben Kontinents von europäischer Kultur beeinfluſst, bis zur Mitte unseres Jahrhunderts, und zu einem groſsen Teil bis heute, politisch ein China des Westens, geographisch eine terra incognita geblieben.

Daraus erklärt es sich, daſs die Geographie des Atlaslandes und im besonderen Marokkos so selten zum Gegenstand selbständiger Darstellung gemacht worden ist. Seit Ritters grundlegender Arbeit[1]) (1822) ist bis heute kaum eine erschienen, welche in gleich umfassender und allseitiger Weise die Geographie jenes Gebietes behandelt hat. Im Jahre 1846 veröffentlichte Renou seine „Description de l'empire de Maroc"[2]), ein epochemachendes Werk, welches aber hauptsächlich den Zweck hatte, eine kritische Beleuchtung der Materialien (360 Seiten) zu geben, auf welche sich die Situationszeichnung seiner „Carte de l'empire de Maroc" in 1 : 2 000 000 stützt, während die übrigen geographischen Momente nur geringe Berücksichtigung fanden. In einer anhangsweise zugefügten „Description géographique proprement dite" (S. 358—398) macht Renou den Versuch einer eigentlichen geographischen Beschreibung, die aber so viel von Geschichte, Produkten, Bevölkerung und Klima des Landes enthält, daſs kaum einige Seiten (S. 375—377) übrig bleiben für die Entwickelung der Hauptzüge der Oberflächenverhältnisse.

Eine vielseitigere geographische Darstellung erhielt das Atlasland von Gumprecht (1853) im Stein-Wappaeusschen Handbuch der Geographie und Statistik[3]). Er nimmt Renous Einteilung des Bodenreliefs Marokkos in Zonen auf, bringt dieselben aber in Verbindung mit denjenigen des östlichen Atlaslandes, als deren unmittelbare Fortsetzung er sie betrachtet. Nach ihm[4]) zerfällt das ganze Gebirgsland der Berberei in vier parallele Streifen, die von Norden nach Süden einander folgen: eine gebirgige Küstenzone, eine Ebene, die vom Atlantischen Ozean ohne Aufhören durch Algier und Tunis sich hinzieht; eine zweite Gebirgszone, aus dem „Hohen Atlas" und dem als seine Fortsetzung betrachteten Sahara-Atlas im südlichen Algier bestehend; endlich die Sahara. Diese Auffassung des Atlaslandes als eine orographische Einheit, in welcher Gumprecht noch bestärkt wurde durch die Analogie

---

[1]) Erdkunde, 2. Aufl., Bd. I, S. 885—923.
[2]) Exploration scientifique de l'Algérie, Bd. VIII.
[3]) Teil II, 1. Abt., S. 18—51.
[4]) S. 18—19.

der geognostischen Verhältnisse[1]), wie sie nach der damaligen mangelhaften Kenntnis in dem Küstengebiete Algeriens und Marokkos hervortrat, blieb über ein Vierteljahrhundert die herrschende und ist es zum Teil bis heute geblieben[2]); denn die einschlägigen Kapitel der zweiten Bearbeitung des v. Klödenschen Handbuches, die allerdings neun Jahre später als Gumprechts Abhandlung erschien, aber dieser an sachlicher Vertiefung und Klarheit der Darstellung bei weitem nachsteht, haben wenig Einfluſs auf unsere Anschauung von der Orographie des Atlaslandes gehabt.

Mehr der Vollzähligkeit wegen, als um ihrer Bedeutung willen für die Hebung der geographischen Kenntnis erwähnen wir hier noch einige Versuche aus den sechziger Jahren. Godards „Description et histoire de Maroc" (1861) und Barbié du Bocages „Le Maroc"[3]) (1861) haben heute nur noch historisches Interesse, während die beiden Abhandlungen Beaumiers[4]) (1867) und Craigs[5]) (1870) fast nur auf eigene Beobachtungen und Erkundigungen der Verfasser sich gründende Skizzen von vorwiegend wirtschaftlichem Werte sind.

Schon hatte (seit 1860) der groſse Aufschwung in der Erforschung Marokkos begonnen, welcher während der nächsten Jahrzehnte eine groſse Fülle von Einzelarbeiten bringen sollte, die von einem Versuch kritischer Verarbeitung eher abzuschrecken als dazu einzuladen geeignet war. Erst zu Anfang des vorigen Jahrzehnts (1881) unternahm es Chavanne in seinem „Afrika im Lichte unserer Tage"[6]), eine zusammenfassende Darstellung der hauptsächlichen Resultate der Atlasforschung zu geben, die aber ihrer Kürze wegen von vornherein darauf verzichten muſste, in eine Kritik der Quellen einzutreten, ja nicht einmal diese anführte[7]) und dadurch an wissenschaftlichem Wert wesentlich verlor. Nichtsdestoweniger muſs anerkannt werden, daſs es Chavannes Verdienst ist, die Haltlosigkeit der seit Gumprecht üblichen Generalisierung des Atlaslandes nachgewiesen und an ihre Stelle eine dem Stande der Forschung mehr entsprechende Gliederung gesetzt zu haben. Er unterscheidet drei in west-östlicher Richtung neben einander liegende Teile, deren Grenzen etwa mit denen der politischen Dreiteilung zusammenfallen. Chavannes Arbeit ist trotz der Kürze des Zeitraumes, der seit ihrem Erscheinen verstrichen, von der rasch fortschreitenden Forschung überholt. Seine Auffassung des „Atlassystems" macht mehr und mehr einer neuen, dem heutigen Stande unserer Kenntnis Rechnung tragenden Platz, die sich in dem letzten hier zu erwähnenden Werke[8]), Reclus' „La Terre" (1886)[9]), schon angedeutet findet[10]). Dieses Werk will ja, seiner ganzen Anlage nach, nicht rein wissenschaftlichen Zwecken dienen, enthält aber hier und da beachtenswerte Grundgedanken für eine systematische Gliederung, die allerdings unter der erdrückenden Menge ethnographischer und anderer Bemerkungen nicht zu klarer Ausgestaltung gelangen. Für seine Darstellung der Bodenverhältnisse Marokkos konnte Reclus schon einige Resultate der hochbedeutsamen Reisen de Foucaulds (1883—84) benutzen, aber auch hier vertrug sich ein tieferes Eingehen auf Quellenkritik nicht mit dem Charakter des Werkes.

Der kurze Gang durch die Litteratur der zusammenfassenden Abhandlungen über das Gebiet, welches uns beschäftigen soll, hat gezeigt, wie wenig Befriedigendes darin bisher

---

[1]) A. a. O., S. 41.
[2]) Blanckenhorn, Der Atlas, das nordafrikanische Felsengebirge. Justus Perthes, Gotha 1888. S. 3.
[3]) B. S. G. P. 1861, Bd. I, S. 416—457; Bd. II, S. 25—45, 120—132.
[4]) B. S. G. P. 1867, Bd. XIV, S. 5—51.
[5]) B. S. G. P. 1870, Bd. XIX, S. 177—203.
[6]) A. Hartleben, Wien, S. 7—19.
[7]) Die Quellennachweise zu der Abhandlung „Die mittlere Höhe Afrikas" in den Mitteilungen d. K. k. geogr. Ges. in Wien 1881, Bd. XIV, S. 347—349 sind nur ein dürftiger Notbehelf für die zu einer gesamten Abhandlung fehlenden.
[8]) Wir unterlassen es, auf die 4. Auflage des v. Klödenschen Handbuches (1884) einzugehen, da dieselbe, abgesehen von der Einflechtung einiger neuerer Forschungsresultate im groſsen und ganzen auf dem Standpunkte der oben besprochenen Bearbeitung steht.
[9]) S. 135—770.
[10]) Ebd. S. 304.

Einleitung. 3

geleistet worden ist. Etwas besser steht es auf dem Gebiete der Kartographie, wo das Jahr 1887 zwei Bearbeitungen des marokkanischen Atlas brachte, welche in der Genauigkeit der Darstellung einen grofsen Fortschritt gegen ihre Vorgänger bedeuten. Blatt IV von Lannoy de Bissys „Carte de l'Afrique" in 1 : 2 000 000 zeichnet sich aus durch die Fülle des zusammengetragenen Materials, sowohl der wirklich erforschten als auch der erkundeten Daten. Leider ist der Kartograph in seinem Bemühen, ein möglichst vollständiges Bild zu bieten, zu weit gegangen und hat die Karte mit einer Überfülle von Details von oft zweifelhaftem Werte überladen. Auch ist die Zeichnung des Terrains (blau-graue Schummerung) und des Flufsnetzes (blau) nicht gerade dazu angethan, die Klarheit der Übersicht zu fördern.

Das zweite oben erwähnte Kartenwerk ist Habenichts Spezialkarte von Afrika in 1 : 4 000 000, Blatt 1, 2. Aufl. Dieselbe, eine durchgreifende Umarbeitung der ersten, zwei Jahre vorher erschienenen [1]), stützt sich im wesentlichen auf Lannoy de Bissys Karte. In Einzelheiten nur selten selbständig und dann nicht immer glücklich, wie z. B. in der Darstellung des Gebietes zwischen dem von Lenz überschrittenen westlichen Anti-Atlas und dem unteren Draa, hat Habenichts Karte das grofse Verdienst, die Hauptzüge des Gebirgslandes klarer herausgearbeitet und durch wirksameres Kolorit anschaulicher dargestellt zu haben, als es auf der französischen Karte geschehen ist; auch unterstützt sie das Studium des Terrains durch eine gröfsere Anzahl gut ausgewählter Höhenziffern. Für die Detailbeschreibung reicht weder die französische noch die im halben Mafsstab derselben gezeichnete deutsche aus. Der Grund hierfür liegt vor allem in der Unvollkommenheit des Materials, welches den Kartographen zu Gebote steht. Die Itinerarien der Marokkoforscher zeichnen sich, wahrscheinlich weil sie meist nicht von den Reisenden selbst entworfen sind, gröfsenteils unvorteilhaft aus durch ungenaue Situations- und charakterlose Terrainzeichnung. Nicht selten stehen sie, wie wir im Verlaufe unserer Darstellung sehen werden, in direktem Widerspruch zu den Angaben des Textes, zu dessen Erläuterung sie dienen sollen, mit Hilfe dessen sie aber erst berichtigt werden müssen.

Im vorigen Jahre (1890) haben Andree und Scobel[2]) eine neue Bearbeitung ihrer Karte von Afrika veröffentlicht, die trotz des kleinen Mafsstabes (1 : 10 000 000) vermöge einer äufserst sauberen Darstellungsweise unser Gebiet ziemlich eingehend behandelt. Sie hat aufserdem den Vorzug, dafs sie die neuesten Forschungsresultate (Thomsons 1888) benutzen konnte; indessen ist dies nicht überall mit der wünschenswerten Genauigkeit geschehen: so im Gebirge südlich der Hauptstadt, wo auch wertvolle ältere Resultate nicht berücksichtigt worden sind. Der wichtige und vielleicht bestbestimmte Punkt des Hauptkammes, der Tisi Tagherat, ist z. B. nicht eingetragen. Vor allem aber entspricht die Darstellung der Hauptzüge der Orographie nicht dem heutigen Standpunkt unserer Kenntnis. Mehr auf Lannoys Bearbeitung als auf die hierin fortgeschrittenere Habenichts sich stützend, bringen Andree und Scobel die alte Anschauung wieder zur Geltung, welche den Djebel Aiaschin (32° 30' n. Br., 4° 40' westlich von Gr.) zum Knotenpunkt für eine Reihe nördlich ausstrahlender Gebirgsketten macht[3]). Der Wirklichkeit noch unähnlicher wird das Bild des Gebirges Nordost-Marokkos dadurch, dafs die östliche Umwallung des Muluiathales, der Rekkam, infolge Übertreibung der schon bei Lannoy ziemlich starken Darstellung zu einem Ausläufer des „Hohen Atlas" geworden ist, der diesen mit dem Tell-Atlas bei Debdu verbindet. Der Anti-Atlas ist im östlichen und westlichen Teil mangelhaft dargestellt: im Osten giebt Habenicht den richtigen Abschlufs nördlich der Oase Knadsa, während Andree und Scobel (mit de Foucauld) denselben im Saghro endigen lassen; im Westen wider-

---

[1]) Vgl. Begleitwort zu Blatt 1, 2. Aufl.
[2]) Verlag von Velhagen & Klasing, Bielefeld.
[3]) Vgl. Beaudouins Carte du Maroc 1848 und H. Kieperts Bemerkungen in Ztschr. f. allgem. Erdk. Berlin 1860, N. F., Bd. VIII, S. 82—90.

spricht die Auffassung des Gebirgszuges als Hochfläche den Angaben sämtlicher Erforscher jener Gegend. Und wie im eigentlichen Gebirge, so weist die Karte auch in den dem Nordwestfuſs des „Hohen Atlas" vorgelagerten Stufen unrichtige Darstellungen auf, deren wir im speziellen Teil unserer Abhandlung eingehender Erwähnung thun werden. Im ganzen bezeichnet diese neue Karte Afrikas, so wertvoll sie für die Geographie anderer Teile dieses Kontinentes sein mag, für die kartographische Darstellung Marokkos keinen Fortschritt. Die bald nachher erschienene Karte Lüddeckes von Afrika in 1 : 10 000 000 [1]) folgt für unser Gebiet der oben besprochenen Habenichtschen Karte.

In der Geographie des marokkanischen Atlasgebirges macht sich sowohl auf dem Gebiete der Beschreibung in Worten als auch auf demjenigen der bildlichen Darstellung der Mangel an einer eingehenden kritischen Beleuchtung des Quellenmaterials recht fühlbar. Einem Versuch, diesem Bedürfnis entgegenzukommen, ist die nachfolgende Abhandlung gewidmet.

Zum besseren Verständnis der eigentümlichen Verhältnisse, unter denen jenes Gebiet nach und nach in den Gesichtskreis unserer geographischen Erkenntnis eingetreten ist, müssen wir zuvor die Geschichte seiner Erforschung einer kurzen Betrachtung unterwerfen.

Allgemeiner Teil.

I. Kurzer Abriſs der Geschichte der Erforschung des marokkanischen Atlasgebirges.

1. bis auf Ritter (1825).

Zu Anfang unserer Geschichte lag Nordwest-Afrika auſserhalb des Bereiches der Kulturvölker, die sich um das östliche Becken des Mittelmeeres gruppierten. Wie in Spanien und Südfrankreich, so waren es auch in Nordwest-Afrika die Phönizier, welche von jenen Völkern zuerst mit den Küstenbewohnern in Handelsbeziehungen traten (um 1150 v. Chr.). Durch sie erhielten die Griechen die erste Kenntnis von dem Atlasgebirge, aber ihre Dichter verdunkelten die Anschauung[2]), indem sie aus einem in die Wolken ragenden Gebirge einen die Weltkugel tragenden Titanen machten. Sie haben uns wenig mehr hinterlassen als den Namen „Atlas": höchst wahrscheinlich eine im Munde der Griechen gemilderte Form des berberischen „Adrar" („Gebirge")[5]). Die ersten, allerdings noch sehr vagen geographischen Angaben finden sich bei Herodot, der seine Nachrichten (448 v. Chr.) von den griechischen Kolonisten in Cyrene erhalten hat, aber nichts zu wissen scheint von der ungefähr 100 Jahre vor ihm ausgeführten Umschiffung der Westküste Afrikas durch Hanno von Karthago (zwischen 600 und 500 v. Chr.)[4]). Die hundert Zeilen von Hannos Periplus im Tempel zu Karthago (um 350 v. Chr. ins Griechische übersetzt) waren während mehrerer Jahrhunderte die Hauptquelle für die Anschauungen, welche die Alten von der atlantischen Küste Afrikas hatten[5]).

Die positive Geographie des inneren Nordwest-Afrika beginnt erst mit der Eroberung des Landes durch die Römer (146 Chr.). Diese gröſsten Kolonisatoren des Altertums drangen tief in die Falten des Gebirgslandes ein und noch über seinen Südrand hinaus in die Wüste, überall die natürlichen Quellen des Bodens mit eminent praktischem Verständnis benutzend zur Hebung der Kultur und zur Aufschlieſsung des Landes. Zahllose umfangreiche Reste

---

[1]) Bei Justus Perthes, Gotha.
[2]) Vivien de St. Martin, Le Nord de l'Afrique dans l'antiquité. Paris 1863, S. 469.
[3]) Washington, Journal of the Roy. G. S. London 1830—31, S. 140. — Vivien de St. Martin, Nouv. dict. de géogr. univers. Artikel „Atlas". — Vivien de St. Martin, Le Nord de l'Afrique, S. 156.
[4]) Vivien de St. Martin, Le Nord de l'Afrique, S. 326, 330—333, 490.
[5]) Ebd., S. 331 und 401.

von Städten[1]), Wasseranlagen[2]), Straßen[3]) und Bergwerken[4]) zeugen von ihrer zweihundertjährigen Kulturarbeit, die aber leider für den Fortschritt in der geographischen Erkenntnis der Europäer fast spurlos vorübergegangen ist. Von nur wenigen Zügen römischer Feldherren sind Berichte auf uns gekommen, und zwar meist in den dürftigen und unklaren Auszügen des Plinius. Die wichtigsten dieser Denkmäler sind: der verstümmelte Bericht über Polybius' Seereise[5]) (um 145 v. Chr.) an den Küsten Mauritaniens, Citate aus verlorengegangenen Schriften Jubas des Jüngeren (um 30 v. Chr.) über Land und Leute von Numidien und Mauritanien und die wenigen Zeilen über die Atlasüberschreitung des Suetonius Paulinus[6]) (41—42 n. Chr.), welcher die einheimische Bezeichnung des Gebirges „Dyrin"[7]) anführt, — eine Angabe, die schon zwanzig Jahre früher Strabo gemacht hatte. Fügt man noch die Bemerkung dieses Schriftstellers hinzu, daß der Hauptteil des Gebirges in Mauritanien liegt, seine Ausläufer aber sich durch Numidien bis zu den Syrten hinziehen[8]), so hat man die hauptsächlichen geographischen Resultate, welche aus der Zeit der Römerherrschaft der Nachwelt überkommen sind. Mit den Angaben anderer, uns nicht überlieferter Berichte von Ptolemäus (150 n. Chr.) kartographisch zusammengestellt[9]), geben sie ein Bild von der mangelhaften Kenntnis, welche die Kulturvölker zu Ende des Altertums von jenen Gebieten hatten.

Mit dem Niedergang des Römischen Reiches und seiner Kolonieen verschwand Nordafrika wieder aus dem Gesichtskreis Europas. Das Zerstörungswerk, welches die Vandalen und Sueven begonnen hatten, führten die Mohammedaner zu Ende, um auf den Trümmern der römischen Kultur die ihrige aufzurichten und das Land auf Jahrhunderte den „Ungläubigen" zu verschließen. So kam es, daß jene dürftige Karte des alexandrinischen Kartographen mit ihrer grundfalschen Darstellung ein Jahrtausend lang in Europa die Grundlage aller geographischen Kenntnis von Nordafrika bildete; denn die Karten des Mittelalters, eines Fra Mauro u. a., sind nur phantastische Variationen jenes klassischen Vorbildes, welches infolge des Wiederauflebens der Wissenschaften von neuem zur Geltung gelangt war[10]).

Die Beschreibungen der gelehrten arabischen Reisenden vom 11. bis 16. Jahrhundert (Ibn Khaldun, Edrisi [1154], Leo Africanus [nach 1517] u. a.), welche wegen der Fülle geographischer Namen heute noch ein historisches Interesse haben, aber wegen ihrer ungenauen und lückenhaften Darstellungen mit Vorsicht zu verwerten sind[11]), haben keinen nachweislichen Einfluß auf den Fortschritt der geographischen Erkenntnis in Europa gehabt, da die auf uns gekommenen Kopieen überaus dürftig und unkritisch[12]) und Jahrhunderte später, manche erst in der zweiten Hälfte des unserigen, den weiteren Kreisen zugängig gemacht worden sind.

Aus dem Wuste der hauptsächlichen, der oft schwer mit einander in Einklang zu

---

[1]) J. Duval, Tableaux de la situation des établissements dans l'Algérie. B. S. G. P. 1865, Bd. X, S. 127.
[2]) B. S. G. P. 1867, Bd. XIII, S. 136.
[3]) Ch. Tissot, Itinéraires de Tanger à Rbat'. B. S. G. P. 1876, Bd. XII, S. 235—268. Karte in 1 : 500 000. Vgl. Lenz, Timbuktu, I, S. 321—329. L glaubt in der Brücke über den U. el Ghas südlich des U. Sus eine alte römische entdeckt zu haben &c. — D'Avezac, Tableaux de la situation &c., Bd. III. — Jannasch, Handelsexped. 1886, S. 186, Ruine im Ued Nun.
[4]) Ch. Tissot, Géogr. comparée de la province romaine d'Afrique. Paris 1884.
[5]) Plinius, Hist. r. n. l. 5, 1, 1.
[6]) A. a. O. Über den Ausgangspunkt der Expedition vgl. Ball, Notes on the geogr. of South Marocco in Hooker's Journal of a tour in Mar., 1878. Appendix C., S. 376, und Reichard, Le Niger, le Nil, la Gir (B. S. G. P. 1844, Bd. I, S. 173/175) im Gegensatz zu Vivien de St. Martin, Le Nord de l'Afrique, S. 106.
[7]) Vgl. die heutige einheimische Bezeichnung für gewisse Teile des „H. Atlas": Adrar a Deren.
[8]) Nouv. dict. de géogr. univers. a. a. O.
[9]) Vivien de St. Martin, Le Nord de l'Afrique, S. 239. Mémoire de l'Académie des Inscriptions et Belles Lettres 1759, Bd. XXVI, S. 64: Tabula ad Ptolemaicam descriptionem exacta.
[10]) Vgl. H. Kiepert, Ältere Versuche afrikan. Kartographie. Ztschr. d. Ges. f. Erdk. Berlin 1873. Bd. VIII, S. 160—162. Karten.
[11]) Vgl. Beaumier, Le Maroc. B. S. G. P. 1867, Bd. XIV, S. 6. Ball a. a. O., S. 378.
[12]) Vgl. H. Kiepert a. a. O., S. 161.

bringenden Berichte alter und neuer Zeit (Plinius, Ptolemäus, Leo) heraus entwickelte um die Mitte des vorigen Jahrhunderts Bourguignon d'Anville[1]), der Anfänger der kritischen Geographie Afrikas, zum erstenmale die wenigen, wirklich feststehenden geographischen Daten und konstruierte, gestützt auf die trefflichen Beobachtungen und Erkundigungen Thomas Shaws[2]), das erste Kartenbild, welches eine Übersicht über die Gebirgsverhältnisse Nordwest-Afrikas in einer für jene Zeit erstaunlichen Klarheit giebt, mit besonderer Betonung der Abtrennung des marokkanischen Atlas als des eigentlichen.

Einen weiteren Beitrag zur Gliederung des Gebirgssystems des afrikanischen Nordrandes brachte der Spanier Badia (Ali Bey)[3]), indem er auf seiner Reise von Fes nach Udjda, im Gegensatz zu d'Anvilles[4]) und Jacksons[5]) Meinung, der marokkanische Atlas reiche von Kap Nun bis zum Affenberge östlich von Tanger, fand, dass das nordmarokkanische Küstengebirge Rif von dem Hauptgebirge durch eine tiefe Furche getrennt wird, deren Gewässer, durch eine niedrige Bodenschwelle geschieden, nach Osten dem Ued Muluia nach Westen dem Ued Sebu zulaufen.

So war zu Anfang dieses Jahrhunderts das Gebirgsystem des Atlaslandes in seinen Hauptlinien schon ziemlich klar erkannt, so dass Ritter, der erste Geograph, welcher aus dem immerhin noch sehr dürftigen Material mit grofsem divinatorischen Scharfsinn ein umfassendes Gesamtbild in Worten zu entwerfen verstanden hat, jene Gebirge in folgender Weise zergliedern konnte[6]): Zwischen dem „Kleinen Atlas", welcher die Küste des Mittelmeeres von Tanger bis Kap Blanco begleitet, und dem „Grofsen Atlas", der, nach Edrisi[7]) am Nordrand der Sahara vom Lande Suabis Nefusa sich hinzieht, dehnt sich ein breites, von Bergzügen mittlerer Höhe in verschiedenen Richtungen durchzogenes Plateau aus: der „Mittlere Atlas", welcher nach Westen terrassenförmig aufsteigt zum „Hohen Atlas", dessen Parallelketten vom marokkanischen Rif in südwestlicher Richtung streichen und zwischen Ued Draa und Kap Gir enden. Südlich von Tlemcen lehnt sich der „Kleine Atlas" an die steilen Abhänge des „Hohen Atlas".

Diese erste gröfsere quellenmäfsige Bearbeitung gab der geographischen Wissenschaft eine wenig charakteristische Nomenklatur, die erst in unseren Tagen, als dem Stand unserer Kenntnis nicht mehr entsprechend, zu veralten anfängt.

2. 1825—1850.

Mit dem Auftreten der Franzosen in Algier (1830) trat in der Erforschung des östlichen Teiles des Atlasgebietes eine Wendung ein, die sich auch in dem Fortschreiten der geographischen Erkenntnis Marokkos geltend machte, insofern, als der Verkehr mit den marokkanischen Karawanen Aufschlüsse brachte, welche den kritischen Geographen Frankreichs, vor allem den hervorragenden Gelehrten d'Avezac[8]) und Walckenaer[9]) Veranlassung gaben, die von d'Anville, Jackson u. a. entworfenen Karten zu berichtigen und zu erweitern.

---

[1]) Mémoire de l'Acad. d. J. et d. B. L. 1759, Bd. XXVI, S. 80—81. Karte hinter S. 64.
[2]) Shaw war 7 Jahre (bis 1733) Kaplan in Algier; in seinen „Travels or observations relating to several parts of Barbary and the Levant" (London. 2nd ed. 1757) giebt er recht wertvolle Bemerkungen über das noch heute wenig bekannte algerisch-marokkanische Grenzgebiet, die durch eine beigefügte Karte illustriert werden.
[3]) Ali Bey el Abassi, Voyages en Afrique et en Asie pendant les années 1803—1807. Paris 1814. Karte.
[4]) Vgl. Karte a. a. O.
[5]) An account of the empire of Marocco, IInd ed. London, 1811, S. 10.
[6]) A. a. O., S. 886—895.
[7]) Géographie d'Edrisi, traduite de l'arabe en français par Amédée Jaubert. Recueil de voyages et de mémoires, Bd. V, S. 210.
[8]) Sur l'emploi de quelques nouveaux documents pour la rectification du canevas géodésique d'une partie de l'Afrique septentrionale. B. S. G. P. 1836, Bd. V, S. 5—86. Karte hinter S. 144. — Notes sur quelques itinéraires de l'Afrique sept. B. S. G. P. 1840, Bd. XIV, S. 216—223. — Tafilet, L'ancien Segelmesah. B. S. G. P. 1840, Bd. XV.
[9]) Walckenaer, Recherches sur la géogr. de l'intérieur de l'Afrique sept.

Kurzer Abriſs der Geschichte der Erforschung des marokkanischen Atlasgebirges. 7

Auch einige Entdeckungsreisen fallen in jene Zeit. 1826—28 durchkreuzte, aus dem Sudan kommend, der Franzose Caillié[1]) den marokkanischen Atlas auf der Karawanenstraſse Tafilet-Fes und brachte, neben der ersten Kunde von der natürlichen Beschaffenheit der westlichen Sahara, ein allerdings nur sehr mangelhaft[2]) bestimmtes Itinerar mit. 1829 versuchte Leutnant Washington[3]), der eine englische Gesandtschaft nach Marrakesch begleitete, in den Atlas südlich der Hauptstadt zu dringen, gelangte aber in dem Thale von Tasserimut (Ued Mesfiua) nur bis zu einer Höhe von 1950 m, wo seine marokkanischen Begleiter des dort beginnenden Schnees wegen ihn zur Umkehr zwangen. Ihm verdanken wir neben einer Reihe astronomischer Lagenbestimmungen von Orten auſserhalb des Gebirges, welche zum groſsen Teil die von Badia gemachten bestätigen, die erste Breitenbestimmung eines Punktes im Gebirge, die noch heute von äuſserster Wichtigkeit für die Situation des Gebietes im Südosten der Hauptstadt ist, merkwürdigerweise aber auf den neueren Karten unberücksichtigt bleibt, wahrscheinlich weil sich die Angabe nur im Text, nicht, wie die übrigen Bestimmungen, auch auf der Karte findet. Auſserdem brachte Washington die ersten barometrischen Höhenmessungen mit, darunter wiederum zwei von Orten im Gebirge. Den Kamm desselben erreichte er zwar nicht, doch bestimmte er von der Hauptstadt aus mittelst trigonometrischer Berechnung die Höhe eines hervorragenden Gipfels nahe der Quelle des von ihm aufwärts verfolgten Flusses (Djebel Miltsin 11400 F.): ein Resultat, welches trotz der Ungenauigkeit in der Abschätzung der Basis[4]) neben Badias[5]) Angabe 13100 F.) in jener Zeit von Wert war, den übertriebenen Schätzungen Jacksons (29610 F.)[6]) und Graberg de Hemsös (28000 F.)[7]) gegenüber. Der Berg hat lange in den Atlanten[8]) figuriert; Lannoy de Bissy und Habenicht führen ihn nicht mehr auf, doch ist er nach Washingtons Einzeichnung auf dessen durch das beigefügte Profil besonders anschaulich gemachter, sorgfältig ausgeführter Karte von neueren Forschern wieder erkannt worden, wenn sie auch den von Washington angegebenen Namen aus dem Munde der Eingeborenen nicht vernommen haben. Washingtons allgemeinere Bemerkungen über das Bodenrelief des von ihm zweimal durchquerten Gebietes zwischen dem „Hohen Atlas" und dem Ozean, sowie seine Angaben über die geologischen Verhältnisse dieser Gegend (nächst denjenigen Badias die ersten) und des von ihm erschlossenen Teiles des Hauptgebirges sind noch heute von groſsem Wert.

Sechs Jahre später (1835) führte der Marineleutnant Arlett[9]) seine für die kartographische Festlegung der atlantischen Küstenlinie sowohl als auch für die Bestimmung der Höhenverhältnisse in der Nähe derselben höchst wichtigen Messungen aus. Durch sie wurden die älteren Karten von Borda (1768) und Boteler (1826) berichtigt. Ein besonderes Verdienst Arletts ist die genaue Festlegung der westlichen Ausläufer des Gebirges, wodurch er die Kenntnis von der Gliederung des marokkanischen Atlas wesentlich förderte.

Als letzter Reisender dieser Periode ist Davidson[10]) (1836) zu nennen. Seine Itinerarien nördlich des „Hohen Atlas" dienten zur Bestimmung der Lage einer Reihe von Orten zwischen Hauptstadt und Küste, die er als erster Europäer besuchte. Sie sind längst durch

---

[1]) René Caillié, Voyage à Timbouctou et à Jenné &c. B. S. G. P., Bd. XIII, 1830, S. 215—234.
[2]) Daher 2 Konstruktionen des Itinerars von Jomard und d'Avezac s. a. O.
[3]) Journal of the Royal Geogr. Society, London 1830—31, S. 123—155. Karte in 1 : 1 650 000. — Mangelhafte französische Übersetzung mit Anmerkungen aus Lempriéres Tour from Gibraltar to Tangier, Sallee, Mogador &c. (1793) im B. S. G. P., Bd. XVI, 1832.
[4]) Vgl. Hooker, Journal of a tour in Marocco and the Great Atlas. Macmillan & Co., London 1878, S. 155.
[5]) A. a. O., S. 279.
[6]) A. a. O., S. 10.
[7]) B. S. G. P. 1840, Bd. XIII, S. 174.
[8]) A. Petermann, Karte des Mittelländischen Meeres. 1 : 3 500 000. 1880.
[9]) West coast of Africa, surveyed by Lieutenant Arlett. R. N. 1835, 2 sheets. — Französ. Übers. des Textes aus J. R. G. S. London 1836 in B. S. G. P. 1837, Bd. VII, S. 5—49.
[10]) African Journal, nur für Freunde des Forschers gedruckt, in Renous „Description &c." auszugsweise gegeben.
[11]) Renou, Description &c., S. 186—189.

genauere Aufnahmen ersetzt, während seine Forschungsresultate in den westlichen Ausläufern des Anti-Atlas[1]) noch heute zur Aufklärung der Verhältnisse in jenem der Forschung so schwer zugänglichen Gebiete recht zu statten kommen.

Als Abschluß der auf die positiven Resultate dieser Forschungen sich gründenden kritischen Arbeiten darf man das mit umfassendster Kenntnis der Quellen alter und neuer Zeit und mit großem Scharfsinn geschriebene Werk Renous nebst Karte (1846) und die Karte Beaudouins[2]) (1848) betrachten, von denen namentlich die letztere noch heute für manche Gegenden die einzige Quelle ist und von den namhaftesten Forschern[3]) als in vielen Teilen vortrefflich gelobt wird. Vom Standpunkt der strengen Kritik macht H. Kiepert in den Bemerkungen zu seiner Karte des nördlichen Teiles von Marokko[4]) Beaudouin mit Recht den Vorwurf, bei der kartographischen Niederlegung seiner Erkundigungen die feststehenden geographischen Errungenschaften zu wenig berücksichtigt, dagegen seiner Phantasie zu freies Spiel gelassen zu haben. Die Karte[5]) des deutschen Gelehrten zeichnet sich, außer durch gewissenhafte Benutzung des ganzen einschlägigen Materials, noch dadurch aus, daß das thatsächlich Erforschte von dem nur Erkundeten in der Darstellung unterschieden ist und die Höhenverhältnisse, dem damaligen Standpunkte entsprechend, nur in allgemeinen Umrissen mit drei Farbentönen wiedergegeben sind. Sie bietet das treueste Bild unserer Kenntnis Nordmarokkos um die Mitte dieses Jahrhunderts.

3. 1850 bis heute.

Wie für Afrika im allgemeinen, so beginnt für den Nordwesten dieses Erdteiles im besonderen in der zweiten Hälfte unseres Jahrhunderts die wissenschaftliche, exakte Forschung, die sich nicht mit in Nachbargebieten eingezogenen Erkundigungen begnügt, sondern das zu erforschende Land selbst betritt.

Nachdem die Spanier durch ihren siegreichen Feldzug (1860) den Bann gebrochen, welcher seit der für die Portugiesen so unglücklichen Schlacht bei Kasr el Kebir (1578) Marokko dem Einfluß der christlichen Welt vollständig entzogen hatte, und durch die Madrider Konferenz den Europäern Zutritt und Aufenthalt in jenem Staate wesentlich erleichtert worden war, da regte sich in Europa der lebhafte Wunsch, das Land näher kennen zu lernen, über welches die unglaublichsten Dinge berichtet worden waren, und vor allem den Schleier zu lüften, der über die Geheimnisse des schon früh von der Mythe umwobenen, aber nie durchforschten Gebirges immer noch ausgebreitet lag.

Es begann die Periode der Erforschungsgeschichte, welche bis in unsere Tage hineinreicht und neben einer Fülle von Einzelresultaten für unsere Kenntnis der Gliederung des marokkanischen Gebirges einen gewissen Abschluß gebracht hat. In Folgendem werden wir zuerst einen kurzen Überblick geben über die Entwickelung jener Kenntnis in ihrem ganzen Verlaufe, um dann unter den so gewonnenen Hauptgesichtspunkten die Einzelforschungen einzureihen.

Die doppelte Zugehörigkeit des Atlaslandes zu Europa, die ja seit den ältesten Zeiten bis heute auch in den Wechselbeziehungen der Völker zu beiden Seiten des westlichen Mittelmeerbeckens (Iberer, Römer, Araber, Portugiesen, Spanier, Franzosen, Italiener) ihren Ausdruck gefunden hat, ist schon früh von den Geographen erkannt worden. So nennt Ritter das Gebirgsland der Berberei „Plateau von Kleinafrika"[6]), um damit anzudeuten,

---

[1]) Renou, Description &c., S. 55—56, 69—70.
[2]) Carte de l'empire de Maroc par le capit. d'Etat-Major Beaudouin, réduite et gravée au dépôt de la guerre. Paris 1848.
[3]) Hooker, Journal &c., S. 384. — Colvile, A ride in petticoats and slippers. London, Sampson Low, 1888, S. 826. — Brehmann, Le Maroc moderne. Paris 1885, S. 4.
[4]) Zeitschr. f. allgem. Erdk. Berlin 1860, N. F. Bd. VIII, S. 82—90.
[5]) Ebd. Tafel I. 1 : 2 000 000.
[6]) A. a. O., S. 885.

daß es ein Bindeglied zwischen Europa und dem eigentlichen Afrika ist. Viel später erst sind wir zur richtigen Erkenntnis seiner vertikalen Gliederung gelangt.

Ptolemäus (gegen 140 n. Chr.) führt auf seiner Karte von Afrika[1]) zwei Gebirge an, Atlas major (im S.) und Atlas minor (im N.), beschränkt sie aber beide auf das Gebiet von Mauritania Tingitana, indem er die oben erwähnte Bemerkung Strabos (20 n. Chr.), die erste genauere Angabe über die Ausdehnung des Atlas, unberücksichtigt läßt. Die arabischen Geographen mit ihren meist ungenauen Bestimmungen, von denen diejenige Edrisis[2]) (1154, Ausdehnung des Atlas von Sus bis zum Gebirge von Nefusa und Tripoli) vielleicht die gehaltvollste ist, haben, weil den Europäern zu spät bekannt geworden, keinen Einfluß auf deren Anschauungen gehabt, so daß um die Mitte des vorigen Jahrhunderts d'Anville, an den schon oben ausgesprochenen Gedanken anknüpfend, auf Grund neuerer Forschungen eine Zweiteilung des Atlaslandes vornahm, indem er die marokkanische Kette als den eigentlichen Atlas von den Gebirgen Algeriens schied[3]). In dem ersten Jahrzehnt dieses Jahrhunderts gab der Spanier Badia in seinen auf der Reise von Fes nach Udjda und zurück nach Ksar el Kebir gemachten Beobachtungen die erste Andeutung für die Lostrennung des dritten Gliedes des kleinafrikanischen Gebirges. Leider sind seine Angaben nicht nach Gebühr gewürdigt worden, so daß erst neuere französische Forschungen für Algier und die Reisen Colviles[4]) (1877), de Chavagnacs[5]) (1881) und de Foucaulds[6]) (1883—84) für das marokkanische Gebiet die Scheidung einer Reihe Küstenmassive vom Atlasgebirge im engeren Sinne zu allgemeinerer Annahme gebracht haben[7]).

Mit der Unklarheit der Anschauungen von der Gliederung des Gebirges ging Hand in Hand eine Ungenauigkeit in der Benennung seiner Teile. Zu den zwei von Ptolemäus eingeführten Namen, welche, wie wir oben[8]) gesehen haben, bei Ritter einen weiteren Sinn erhielten, fügte der große deutsche Geograph noch zwei andere, den „Hohen Atlas" und den „Mittleren Atlas": sämtliche Namen, die außer dem „Hohen Atlas" in der Natur der Bodenverhältnisse keine Existenzberechtigung finden und deshalb in neuerer Zeit, wenigstens für Algier[9]), charakteristischeren Bezeichnungen, wie Tellkette, Saharakette, Littoral oder Sahel[10]), mehr und mehr Platz machen müssen. Für Marokko sind die alten Benennungen noch im Gebrauch. Nachdem Renou, Gumprecht und Chavanne es vermieden hatten, Namen einzuführen, wandte leider de Foucauld auf seiner wertvollen Karte[11]) die zwei am wenigsten berechtigten der alten Bezeichnungen an, und zwar in einer Weise, die von dem herkömmlichen Gebrauche abweicht, ohne darum naturgemäßer zu sein: „Großer Atlas" für „Hoher Atlas", „Kleiner Atlas" für „Anti-Atlas"[12]).

Die Anschauung über das Verhältnis dieses marokkanischen Atlas zum übrigen Gebirgsland der Berberei, wie sie sich Mitte des Jahrhunderts nach den spärlichen Forschungen, zumal im algerisch-marokkanischen Grenzgebiete, gebildet hatte, haben wir bei Besprechung von Gumprechts Arbeit oben[13]) schon kurz skizziert. Die Forschungen der nächsten Jahr-

---

[1]) Mém. de l'Acad. d'Inscr. et de B. L., a. a. O. — H. Kiepert, Ältere Versuche afrik. Kartogr., a. a. O., S. 159—165. Karten auf T. 3 u. 4.
[2]) A. a. O., S. 210.
[3]) A. a. O., S. 60.
[4]) A ride in petticoats and slippers. London, Sampson Low, 1880. Karte in 1 : 500 000.
[5]) de Fes à Oudjda. B. S. G. P. 1889, S. 269—351.
[6]) Reconnaissance au Maroc. 1887, S. 97.
[7]) Lenz, Timbuktu I, S. 289—291. — Reclus, La terre X, 1886, S. 304.
[8]) S. 6.
[9]) Niox, L'Algérie; mit Karte in 1 : 1 600 000. Paris 1885. Auszug unter dem Titel „Éléments de la géogr. phys. de l'Algérie" in der Revue de géogr. 1884, S. 10—18, 169—176, nebst Karte in 1 : 5 000 000 und Profilen.
[10]) Reclus a. a. O., S. 304.
[11]) Itinéraires au Maroc. B. S. G. P. 1887. Karte 1 : 1 500 000. Vgl. auch Reconnaissance au Maroc, S. 97—100.
[12]) Vgl. unsere Karte.
[13]) S. 1.

zehnte sollten eine wesentliche Umgestaltung derselben bringen. Schon im Herbst 1856 hatte der damalige Hauptmann de Colomb, einer der verdienstvollsten Männer auf dem Gebiete der geographischen Erforschung Nordwest-Afrikas, begleitet vom berühmten Geologen und Algierforscher Marès, einen Vorstofs unternommen von dem südwestlichen Teil der Provinz Oran durch den Schott Tigri über die Wasserscheide zwischen diesem und den Zuflüssen der Ebene Tamlelt einerseits und denjenigen des Ued Muluja andrerseits. Die Ghedir (Lachen) des Ued Meharrug waren der äufserste Punkt der Reise, welchen er nach Austritt aus dem Gebirge durch das Kheneg Meharrug erreichte. Im Oktober und November 1859 drang er in dem Gebiet der Beni-Gil vor bis zu den „12 Zeugen" (Athna'scher Gâra-u-Gâra) an einem der Ausläufer des Gebirgsmassivs, in welchem, nach Aussage der Eingeborenen, der Ued Gir entspringt. Sie nennen jenes Massiv Djebel et Teldj („Schneegebirge"), eine allgemeine, in der Geographie Marokkos ebenso häufig vorkommende Bezeichnung wie das gleichbedeutende Djebel Deren, mit welchem Edrisi das Gebirge am Ursprung des Ued Gir belegt[1]). Über die wechselnde Bedeutung des letzteren Namens mag hier eine kurze Bemerkung Platz finden. Adrar n Deren (Daran, Adrar n Dörn, Idrar en Drann) wird von Lenz[2]) und Ball[3]) zur Bezeichnung der ganzen Kette des Hohen Atlas gebraucht, während de Foucauld[4]) es nur auf den Westflügel derselben (Glaua-Kap Gir) anwenden hörte. Ein noch kleineres Gebiet bezeichnet der Name nach Rein[5]) und v. Fritsch[6]) (welch letzterer die Bedeutung „Schneegebirge" giebt), nämlich die hohe Gebirgsmauer im Süden der Hauptstadt, über welche der von den genannten Forschern erklommene Tisi Tagherat nach dem Quellgebiet des Ued Sus führt. Sie bestätigen die gleichlautende Bemerkung Berbruggers[7]), die derselbe auf den Bericht marokkanischer Pilger gründet. Der französische Gelehrte konnte noch den Namen der höchstgelegenen Landschaft auf der Südseite des Gebirges, Usiua, in Erfahrung bringen, welche Angabe durch de Castries'[8]) und de Foucaulds[9]) Erkundigungen gestützt wird. Was die von Berbrugger angenommene Gleichheit dieses Adrar n Deren mit dem Dyrin der Alten anbetrifft, so erstreckt sich dieselbe unserer Meinung nach nur auf den Namen; dagegen glauben wir mit Duveyrier[10]) nach der von Plinius gegebenen Beschreibung annehmen zu müssen, dafs der von Sueton.-Paulinus überschrittene Dyrin identisch ist mit dem Djebel Deren Edrisis an der Quelle des Ued Gir, welchen Flufs der römische Feldherr nach Übersteigung des Gebirges auch erreichte. „Adrar n Deren" ist ebenso wenig wie „Djebel et Teldj", das auch in weiterem[11]) und engerem[12]) Sinne gebraucht wird, ein Eigenname mit fester Bedeutung, der geographisch zu verwerten ist, sondern eine Bezeichnung, die von den Eingeborenen in verschiedenen Gegenden den alljährlich längere Zeit mit Schnee bedeckten Teilen des Hohen Atlas beigelegt wird.

Als wirklicher Eigenname für das Massiv an der Quelle des Ued Gir wird von Edrisi und de Colomb übereinstimmend Sfisun angegeben. An diesem Djebel Sfisun beginnt, so stellte der französische Forscher nach den Resultaten eigener Beobachtung und den bei den Beni-Gil gesammelten Erkundigungen fest, eine ununterbrochene Reihe von Gebirgszügen, welche, nach Osten an Höhe abnehmend, im Djebel Tendrara el Gharbiia am Nordwestrande des Schott

---

[1]) Renou a. a. O., S. 108.
[2]) Timbuktu I, S. 289.
[3]) Karte zu Hookers Journal.
[4]) Reconn., S. 95.
[5]) Vhdlgn. d. VII. deutschen Geographentags 1887, S. 85.
[6]) Mitt. d. Ges. f. Erdk. Halle a. S., 1879, S. 17.
[7]) Renou a. a. O., S. 157—158.
[8]) B. S. G. P. 1880, Bd. XX, S. 510.
[9]) Reconn., S. 321.
[10]) B. S. G. P. 1872, Bd. IV, S. 225—226.
[11]) Washington a. a. O., Karte; Thomson a. a. O., Karte.
[12]) von Wimpffen, B. S. G. P. 1872, Bd. III, S. 49; de Colomb, siehe oben.

Tigri endet. So war der „Hohe Atlas" bis zu seinem Ostende als wasserscheidender Kamm zwischen Meer und Wüste erkannt worden, noch ehe die Zeit der grofsen Entdeckungen angebrochen war. Leider fanden die Berichte über diese bedeutungsvollen Reisen erst spät (1872) den Weg in die Öffentlichkeit[1]). Merkwürdigerweise sind sie von Chavanne übersehen worden, der noch die Ansicht vertritt[2]), dafs ein vom Djebel Aiaschin aus in Südost streichender Gebirgsast den „Hohen Atlas" mit einer der gröfseren südlichen und bedeutend niedrigeren Randketten des östlichen Plateaus verbindet, der frühere Hauptkamm selbst aber sich in eine zusammenhanglose Reihe von Bergzügen auflöst, welche den Südrand des Hochplateaus bilden[3]).

Das erste Resultat der Periode der wissenschaftlichen Forschungen war Rohlfs'[4]) Entdeckung (1862), dafs südlich der marokkanischen Hauptkette ein niedrigerer Gebirgszug und zwar scheinbar ein „Filialast"[5]) derselben verläuft, den der Reisende auf seinem Wege vom oberen Ued Sus nach dem Draagebiet durchschneiden mufste. Hooker, welcher 1871 denselben Zug von einem Gipfel des „Hohen Atlas" teilweise überblickte, legte ihm den Namen „Anti-Atlas" bei[6]), obgleich er die Analogie mit Libanon und Anti-Libanon nicht vollständig fand. Erst de Castries' Erkundigungen[7]) (1880) gaben jener Bezeichnung einige Berechtigung.

1864 unternahm Rohlfs seine grofse Reise[8]), — die erste Atlasüberschreitung eines wissenschaftlich vorbereiteten und ausgerüsteten Mannes, welche uns eine genauere, auf barometrische Höhenmessungen[9]) gestützte Beschreibung des Gebirges zwischen Fes und Tafilet brachte. Als hauptsächliches Resultat für die Gliederung des Systems stellte Rohlfs das Vorhandensein einer nördlichen, niedrigeren Parallelkette (Djebel Tamarakuit) des Hauptkammes (Djebel Aiaschin) fest, welche mit diesem in Verbindung steht[10]).

Das waren die Daten, auf welche sich bis zur Mitte des vorigen Jahrzehntes unsere Anschauung von dem Bau des marokkanischen Kettengebirges gründete. Da veröffentlichte de Foucauld die Resultate seiner Reise (1883—84)[11]), der nach Länge des zurückgelegten Weges und wissenschaftlicher Ausbeute bedeutendsten, die je in Marokko ausgeführt worden ist. 18 astronomische Positionsbestimmungen bilden die Angelpunkte seines genau auf- genommenen und mit gröfster Sorgfalt entworfenen Itinerars, dessen Reliefzeichnung durch ca. 3000 barometrische Höhenziffern[12]) unterstützt wird. Dreimal hat er die Hauptkette überschritten, sechsmal den südlichen Parallelzug, überall die sich bietenden Rundblicke in Profilzeichnungen festhaltend, die ihn dann in stand setzten, auf seiner Übersichtskarte die bisher nur stückweise bekannten Gebirgszüge in vollständigerer Ausdehnung zu geben. Dazu kommt, last not least, ein mit unendlichem Fleifs zusammengetragenes Material von Erkundigungen, so umfangreich, wie es von einer Person wohl selten gesammelt worden ist, zumal in einem für Fremde so unsicheren Lande, das sich aber auch bei einem Vergleich mit den Forschungen und Erkundigungen anderer Reisenden als höchst vertrauenswürdig erweist. Der Erfolg dieser Reise hätte noch wesentlich gesteigert werden können,

---

[1]) Duveyrier, Historique des explorations au Sud et au Sud-Ouest de Géryville. B. S. G. P. 1872, Bd. III, S. 230—232 und S. 234—235. de Colombs Itinerar von 1856 ist eingetragen in Picards Karte der Route de Wimpffens (1870) 1:800000. B. S. G. P. 1872, Bd. III.
[2]) A. a. O., S. 8.
[3]) A. a. O., S. 13.
[4]) Pet. Mitt. 1863, S. 361—370: Tagebuch einer Reise durch die südlichen Provinzen von Marokko.
[5]) Ebd. S. 364.
[6]) Hooker, Journal &c., S. 260 u. Karte.
[7]) Notice sur la région de l'oued Draa. B.S.G.P., Bd. XX, 1880, S. 497—519. Karte in 1:1000000.
[8]) Pet. Mitt. 1865, S. 165—187. Karte in 1:2000000.
[9]) Die ersten von Duveyrier berechneten und auf der Karte in P. M. 1865 eingetragenen Werte sind in P. M. 1866, S. 119 verbessert worden, was Lannoy de Bissy übersehen zu haben scheint.
[10]) Pet. Mitt. 1865, S. 169.
[11]) Itinéraires au Maroc. B. S. G. P. 1887, S. 116—125. Karte in 1:1500000 nebst 9 Profilen. — Reconnaissance au Maroc; dazu 20 Kartenblätter in 1:250000 und zahlreiche Profile im Text.
[12]) Eingetragen in den 20 Kartenblättern.

wenn de Foucauld den geognostischen Verhältnissen, denen er nur hier und da sehr wenig besagende Bemerkungen widmet, mehr Aufmerksamkeit geschenkt hätte.

De Foucauld zergliedert das marokkanische Gebirge in folgende fünf Teile[1]):
a. in 3 Hauptketten:
  1. Großer Atlas,
  2. Kleiner Atlas,
  3. Mittlerer Atlas;
b. in 2 Sekundärketten:
  4. eine nördliche, ohne besonderen Namen, welche im Plateau von Ulmes (südlich von Meknes) beginnt, im Djebel Ghiata kulminiert und jenseits des Mulujadurchbruchs im Djebel Mergeshum &c. sich fortsetzt,
  5. eine südliche Sekundärkette: Djebel Bani.

Es dürfte hier der passendste Ort für die kritischen Bemerkungen sein, die wir über Einteilung und Namengebung de Foucaulds zu machen haben, um dann die nach unserer Ansicht dem heutigen Stande der Forschung entsprechende Gliederung und Nomenklatur anzuschließen. Der französische Forscher hat für die beiden längsten Ketten des marokkanischen Gebirges zwei Namen, die seit Ptolemäus in der geographischen Wissenschaft auftreten, angewendet, und zwar in einem Sinne, den sie weder bei jenem Geographen, welchen de Foucauld als etwas veraltete Autorität citiert, noch bei irgend einem anderen je gehabt haben. Der „Große Atlas" war bei Ptolemäus der südlichere Gebirgszug, Ritter übertrug jene Bezeichnung auf das ganze Gebirge, das vom Ocean bis zur Syrte den Nordrand der Sahara bildet, während sie von den Franzosen heute noch nur für die Saharakette Algeriens gebraucht wird; de Foucauld weist der nördlichen Kette den Namen „Großer Atlas" zu, beschränkt ihn aber auf das marokkanische Gebiet. Mit „Kleiner Atlas" bezeichnet Ptolemäus die nördliche, de Foucauld die südliche Kette und Lannoy de Bissy das Gebirgsmassiv, welches beide verbindet. Angesichts dieser Verwirrung in der Namengebung wird man das Verdienst von Habenichts Spezialkarte[2]) doppelt anerkennen, zum erstenmale charakteristische Bezeichnungen eingeführt zu haben. Die Hauptkette des marokkanischen Gebirges trägt die höchsten Erhebungen des ganzen Atlasgebietes, kann also wohl nicht besser gekennzeichnet werden als durch den Namen „Hoher Atlas"[3]). Für den südlichen Höhenzug hat de Foucauld durch seine eigenen Forschungen am meisten dazu beigetragen, den Namen „Anti-Atlas", so wenig er zu der Zeit, als Hooker ihn gab, berechtigt erschien, als passendsten Ausdruck für das Verhältnis von Haupt- und Parallelkette hinzustellen.

Das drittbedeutendste Glied des marokkanischen Atlas bezeichnet de Foucauld[4]) seiner Höhenverhältnisse wegen als „Mittlerer Atlas", welchen Namen auch wir, in Ermangelung eines besseren, beibehalten wollen. Von diesem Gebirgszuge, glaubt nun de Foucauld auf Grund seiner Beobachtungen aus der Ferne, sondere sich die oben kurz skizzierte nördliche „Sekundärkette" ab. Aus der Ebene Sais (zwischen Fes und Meknes am Nordfuße des „Mittleren Atlas") nach Süden blickend, hielt er die von Rohlfs erstiegene Terrasse von Asro für den Kamm einer Kette, die in dem von ihm überschrittenen Plateau von Ulmes (1290 m) ihren Anfang nimmt und, vom Djebel Ghiata gekrönt, hart an den Ued Innauen tritt. Zur Erhärtung seiner Meinung citiert er[5]) unglücklicherweise die (von Duveyrier) auf falschen Unterlagen berechnete Höhe des von Rohlfs berührten Duar Sidi Abd Allah (eigentlich mußte der Nachbarort Suk en Sara zu der angeführten Zahl 1517 m [später in 2152 m berichtigt]

---

[1]) Reconnaissance au Maroc, S. 97—102.
[2]) 2. Aufl.
[3]) Über die Unzulänglichkeit der einheimischen Bezeichnungen Djebel et Teldj und Adrar n Deren vgl. oben S. 10.
[4]) Reconnaissance, S. 99.
[5]) Reconnaissance, S. 101.

genannt werden). Die in bezug auf das Relief des Nordabhangs des Mittleren Atlas trefflich übereinstimmenden Itinerarien von Rohlfs einerseits, Ahmed-ben-Hassen-el-Mtiui[1]) (1789), Mohammed[2]) und Schaudt[3]) andrerseits (letztere drei benutzten den östlichen Weg von Ksabi nach Schörfa-Ait Jussi-Fes) widerlegen de Foucaulds Annahme einer nördlichen Sekundärkette in schlagender Weise. Die Aufnahmen de Chavagnac's[4]) aber weisen den Djebel Ghiata dem Nordrand der obersten Terrasse des Nordabhangs des Mittleren Atlas zu. Er wird nach der Schätzung jenes Forschers, die derselbe von den das Thal des Ued Innauen nördlich einschliefsenden Bergen vornahm, nur etwa 2000 m hoch sein[5]), erhält aber sein imponierendes Aussehen durch den Wegfall der beiden unteren Stufen, deren nördliche schon westlich von Sfru aufhört[6]).

Mit dem Djebel Bani, der letzten südlichen Erhebungswelle, besteht das marokkanische Atlasgebirge demnach aus vier selbständigen Gliedern:

1. dem Hohen Atlas,
2. dem Mittleren Atlas,
3. dem Anti-Atlas und
4. dem Djebel Bani,

auf deren Erforschungsgeschichte wir in Nachfolgendem etwas näher eingehen wollen.

Hoher Atlas.

Schon vor Beginn der letzten Periode war, wie wir oben[7]) sahen, die Ausdehnung des Hohen Atlas vom Kap Gir bis zum Nordrand des Schott Tigri festgestellt worden. Es galt nun, das Innere dieser langen Gebirgskette zu erforschen. Rohlfs Durchquerung des Gebirges eröffnete die Reihe der Versuche, den Kamm zu erreichen, die von verschiedenen Orten aus unternommen wurden. Nachdem es Balansa[8]) (1867) trotz aller Anstrengungen nur gelungen war, Eintritt in die äufsersten Vorberge südlich der Hauptstadt zu erlangen und von dort einen Blick auf das unerforscht vor ihm liegende innere Gebirge zu werfen, drangen in demselben Teile 1871 eine englische Gesellschaft, bestehend aus Hooker, Ball und Maw, und im folgenden Jahre zwei Deutsche, v. Fritsch[9]) und Rein[10]), bis zum Kamme vor; die Engländer erreichten ihn sogar an zwei verschiedenen Stellen. Aufser einer grofsen Anzahl sorgfältig gemessener Höhenziffern und einem ausführlichen Reisebericht[11]) brachten die Engländer eine Fülle geologischer Beobachtungen mit; auf beiden Gebieten geographischer Forschung ergänzten und erweiterten die Deutschen, welche fast denselben Weg verfolgten, die Resultate ihrer Vorgänger. Beide Expeditionen geben übereinstimmend die erste Einteilung des Hohen Atlas auf seiner Erstreckung zwischen Kap Gir und der Landschaft Glaua[12]), und zwar auf Grund der scharfen Gliederung des von der Hauptstadt aus gesehenen Gebirgskammes. Sie unterscheiden vier Abschnitte. Der erste, etwa 110 km lang, reicht von Kap Gir bis zum Bibauan-Pafs, über welchen die Hauptverkehrsstrafse von Marrakesch nach Tarudant, der Hauptstadt des früheren Königreichs

---

[1]) Ranou a. a. O., S. 94—96.
[2]) Renou a. a. O., S. 97.
[3]) Zeitschr. d. Ges. f. Erdk. Berlin, Bd. XVIII, 1883, S. 290—304 und 393—411.
[4]) A. a. O. Karte und Profil Nr. 1.
[5]) A. a. O. Karte.
[6]) de Foucauld, Karte.
[7]) S. 10—11.
[8]) Voy. de Mogador à Maroc. B. S. G. P. 1868, S. 321—328. Karte in 1:1600000.
[9]) v. Fritsch, 1. Reisebilder aus Marokko. Mitt. d. Ver. f. Erdk. Halle a. S., 1876, S. 14—52; 1879, S. 12—33. — 2. Über die geol. Verhältnisse von Marokko. Ztschr. für die ges. Naturwissensch. Halle 1881, S. 201—207.
[10]) Über Marokko. Vhdlgn. des VII. deutschen Geographentages 1887, S. 74—90.
[11]) Journal of a tour in Marocco and the Great Atlas. London, Macmillan & Co., 1878, nebst Karte in 1:1027777 und 1 geolog. Profil. — S. auch Hooker, Letters to Sir Roderick Murchison. Proc. of the Roy. Geogr. Soc. London 1871, Bd. XV, S. 212—223.
[12]) Maw, Hooker's Journal, Appendix H., S. 457—458. — v. Fritsch, Ztschr. f. d. ges. Naturw., a. a. O.

Sus, führt, die schon im vorigen Jahrhundert von Lemprière[1]) und zu Anfang dieses von Jackson[2]) begangen worden war, aber erst durch Lenz (1879)[3]) näher bekannt geworden ist. Von jenem Paß zieht sich bis zum tiefeingeschnittenen Thal des Ued Nfis, „dessen Quellgebiet tief in das Gebirge eingreift"[4]), der zweite Teil desselben. Östlich des Nfisthals setzt sich der Hohe Atlas als Mauer mit relativ niedrigen Gipfeln fort bis zum Ued Urika. Der letzte, von der Hauptstadt aus vollständig sichtbare Teil zeichnet sich wieder, wie der zweite, durch eine Anzahl bedeutender Gipfel aus, unter denen sich der Miltsin Washingtons befindet. Viel weiter östlich derselben reicht der Blick von der Hauptstadt aus nicht, so daß Maw nur eine ostnordöstliche Umbiegung des Kammes in der Provinz Glaua konstatieren konnte. An dieser Stelle nun verfolgte 1883 de Foucauld den Quellfluß des Ued Tensift, den Ued Ghdat, und dessen rechten Nebenfluß, Ued Adrar n Iri, bis zum Kamm, den er in dem von hohen Gipfeln eingeschlossenen Tisi n Teluet in 2634 m[5]) überschritt. Die verhältnismäßig geringe Höhe des Passes ließ ihn sogleich als eine orographisch wichtige Kammeinsenkung erscheinen. Daß er auch in geognostischer Beziehung ein hochbedeutsamer Punkt ist, fand fünf Jahre später Thomson[6]), der denselben Weg wie de Foucauld einschlug. Er stellte fest, daß unweit östlich des Tisi n Teluet, dessen Höhe er zu 2540 m[7]) berechnete, die Grenze zwischen den zwei durch geologisches Alter und Bau auf das schärfste unterschiedenen Teilen des Hohen Atlas verläuft, zwischen einem älteren westlichen und einem jüngeren östlichen Flügel, den wir nach dem heutigen Stande unserer Kenntnis bis zum Tisi n Telghemt (Rohlfs 2589 m[8]), de Foucauld 2182 m[9]) rechnen müssen. Jenseits dieses Passes nimmt die Kammhöhe sehr rasch ab[10]). In der thatsächlichen Erforschung des östlichen Flügels, der bis dahin nur durch die Erkundigungen Hookers[11]), de Castries'[12]), Schaudts[13]) und de Foucaulds[14]) bekannt geworden war, hat Thomson die ersten Schritte gethan, indem er östlich vom Tisi n Teluet einen Gipfel des Hauptkammes (Djebel Tauriri) bestieg und vom Nordfuß aus in die Vorberge eindrang. Aber sein Hauptverdienst um die Erforschung des Hohen Atlas betrifft den westlichen Flügel. Dort gelang es ihm durch seine Kühnheit, die Forschungen seiner Vorgänger zu erweitern und zu vertiefen. Was sie aus der Ferne nur unvollkommen geahnt, das schaute er aus nächster Nähe. In vier Pässen überschritt er den Kamm und erstieg zwei Gipfel (Djebel Ogdimt und Tisi Likumpt) mit umfassendem Rundblick, welche ihm einen tiefen Einblick in den Aufbau des Gebirges gestatteten. Er fand, daß für die Anordnung der Kämme zwei Längsthäler bestimmend sind, durch welche der Westflügel des Hohen Atlas in drei orographisch und geognostisch sich scharf von einander abhebende Teile gespalten

---

[1]) William Lemprière, A tour from Gibraltar to Tangier, Sallee, Mogador, Santa Cruz, Tarudant and thence over Mount Atlas to Morocco. 1793. Karte.
[2]) An account of the empire of Marocco and the districts of Suss and Tafilelt, compiled from miscellaneous observations made during a long residence (17 years) in and various journeys through these countries &c. IInd ed. London 1811.
[3]) Lenz' Bericht über seine Reise von Tanger bis Timbuktu und Senegal. Ztschr. d. Ges. f. Erdk. Berlin 1881, Bd. XVI, S. 272—293. Itinerar, ges. von R. Kiepert in 1:1500000. — 2. Voyage du Maroc au Sénégal. Vortrag, geh. in der Par. geogr. Ges. B. S. G. P. 1881, Bd. 1, S. 199—226. — 3. Timbuktu. Reise durch Marokko, die Sahara und den Sudan. Leipzig, F. A. Brockhaus, 1884, Bd. 1. Die beigegebenen Karten sind wenig veränderte Kopieen der von R. Kiepert entworfenen. — 4. Geol. Karte von Westafrika, 1:12500000. Pet. Mitt. 1882, Taf. 1.
[4]) Hooker, Letters. Proc., a. a. O., S. 219. — v. Fritsch, Mitt. d. Ges. f. Erdk. Halle a. S., 1879, S. 22
[5]) Reconnaissance, Kartenblatt Nr. 7.
[6]) A journey to Southern Morocco and the Atlas Mountains. Proc. of the R. G. S. 1889, Bd. XI, Nr. 1, S. 1—16. Karte in 1:1027777. — Travels in the Atlas and Southern Morocco. London, G. Philip & Son 1889. Routenkarte u. geol. Übersichtskarte in 1:1500000.
[7]) l'roc., a. a. O., S. 9.
[8]) Pet. Mitt. 1866, S. 119.
[9]) Reconnaissance, Kartenblatt Nr. 17.
[10]) Reconnaissance, S 239. Profile (B. S. G. P. 1887) 7, 8 u. 9.
[11]) Journal, S. 367—368.
[12]) B. S. G. P. Bd. XX, 1890, S. 497—519; mit Karte.
[13]) Zeitschr. Ges. f. Erdk. Berlin 1883, Bd. XVIII, S. 290—304 u. 393—411.
[14]) Reconnaissance, S. 260—267, 277—278.

wird. Wenn für seine Entdeckungen südlich der Hauptstadt manche Andeutungen in den Beobachtungen Hookers und v. Fritschs schon gegeben waren, so war doch ein Resultat, das seine Reise für das Gebirge im Südwesten von Marrakesch brachte, im höchsten Grade überraschend: die Festlegung des Westendes der Hauptkette in ca. 60 km Entfernung von der Küste. Der Route Lenz' folgend, aber unter günstigeren Verhältnissen, erkannte Thomson auf seiner Durchquerung des Gebirges südlich der Landschaft Imintanut, daſs ein breites Längsthal die älteren Schichten des Hochgebirges von den jüngeren der Vorberge trennt, daſs also das Kap Gir, welches seit Arlett (1835) als Westende des Hohen Atlas gegolten hat, nichts weiter ist als ein Ausläufer des Tafellandes von Haha. Alle diese neuen, für die Geographie des Hohen Atlas geradezu epochemachenden Resultate unterstützt Thomson durch eine groſse Anzahl von sorgfältig ausgeführten Höhenmessungen (die Höhen der wichtigeren Punkte wurden mit Aneroid und Kochthermometer bestimmt)[1]), deren Ergebnisse von den Resultaten seiner Vorgänger im allgemeinen wenig abweichen. Von nicht geringer Bedeutung für die Situation des bisher recht mangelhaft dargestellten Gebietes im Süden und Südosten der Hauptstadt sind die Lagenbestimmungen, teils astronomische, teils vermittelst Kompaſs und Triangulation bewirkte[2]), auf welche sich sein mit lobenswerter Genauigkeit gezeichnetes Itinerar gründet.

Die westlichen Vorberge von Haha und Mtuga sind in ihren nördlichen und westlichen Ausläufern mehrfach überschritten worden. Wir beschränken uns hier auf die Aufzählung der Namen der hauptsächlichen Erforscher dieses Gebietes: Beaumier[3]), Balansa, Hooker, v. Fritsch, Erckmann[4]), de Foucauld, Jannasch[5]) und Thomson. Über ihren Anteil an der Erweiterung unserer geographischen Kenntnis werden wir im speziellen Teil zu sprechen haben.

Mittlerer Atlas.

Da zwei Hauptverkehrsstraſsen zwischen den groſsen Märkten des Tells, Fes und Meknes, und der Oase Tafilet dieses Gebirge durchschneiden, so wurden Itinerarien von diesem Teil des Atlasgebirges schon früh bekannt. Abgesehen von den Berichten der alten Araber, gab schon im vorigen Jahrhundert ein gewisser Ahmed-ben-Hassen-el-Mtiui[6]) (1789) eine genaue Beschreibung der östlichen Route (Ksabi each Schörfa-Ait Jussi-Fes) mit den Abständen der Hauptstationen von einander, welche durch die gleich ausführlichen Angaben des Scherif Mohammed[7]) ergänzt wurde. Die späteren Berichte zweier Europäer (Caillié[8]) [1828] und Schaudt[9]) [1880]), welche diesen Weg um ihrer Sicherheit willen in gröſster Eile zurücklegen muſsten, konnten nichts hinzufügen. Der westlichere Weg durch das Gebiet der Beni Mgill ist von Rohlfs und in seinem oberen Teile später noch einmal von Schaudt begangen worden, dem es in seiner Eigenschaft als Derwisch auch gelungen zu sein scheint, weiter westlich das Gebirge zu überschreiten. Durch Rohlfs ist zum erstenmal eine Verbindung zwischen dem Mittleren Atlas und der Hauptkette angedeutet worden; Schaudt gibt weitere Aufschlüsse darüber, mit denen de Foucaulds Erkundi-

---

[1]) Travels &c., S. 282.
[2]) Vgl. Fuſsnote in Proc. 1889, S. 1. Leider sind die so bestimmten Orte nicht namhaft gemacht, indessen haben wir uns bei der Konstruktion unserer Karte wiederholt von der genauen Übereinstimmung der auf Thomsons Karte eingetragenen Werte mit den von uns aus den Angaben der anderen Forscher berechneten überzeugen können.
[3]) Itinéraire de Mogador à Maroc et de Maroc à Saffy. B. S. G. P. 1868, Bd. XVI, S. 321—329. Karte in 1:1500000.
[4]) Le Maroc moderne. Paris 1885. Karte in 1:1000000.
[5]) Die deutsche Handelsexpedition 1886. Berlin, Heymanns Verlag, 1887. 1 Karte in 1:1000000: Ued Sus-Mogador.
[6]) v. Walckenaer citiert in „Recherches géogr. sur l'intérieur de l'Afrique sept." S. 282—286, nach „Memorabilien". Leipzig 1791, Bd. I, S. 47. — Renou a. a. O., S. 94—96.
[7]) Durch Consul de la Porte an d'Avezac berichtet: B. S. G. P. 1886, Bd. V, S. 10 ff. — Renou a. a. O., S. 97—98.
[8]) René Caillié, Voyage à Timbouctou et à Jenné &c. B. S. G. P. 1830, Bd. XIII, S. 215—234.
[9]) Wanderungen durch Marokko. Ztschr. der Ges. f. Erdk. Berlin 1883, Bd. XVIII, S. 290—304, 393—411.

gungen merkwürdig übereinstimmen. Schaudts Angaben stellen auch die Verbindung her zwischen dem von Rohlfs überschrittenen Djebel Tamarakuit und dem Westende des Mittleren Atlas. Die Kammlinie des letzteren stellte de Foucauld, wie er sie von Bu el Djad aus sah, in einem Profil[1]) dar, an der Hand dessen wir den Mittleren Atlas bis zu seiner Loslösung vom Hauptgebirge (in der Provinz Demnat) verfolgen können. In gleicher Weise[2]) führt de Foucauld den Ostflügel, an dessen Südfuß er entlang zog, bis zu seinem Ende am Durchbruch des Ued Muluia, und zwar so genau, daß der von Berquin[3]) überschrittene Paß östlich von Cailliés Route an entsprechender Stelle angedeutet ist.

Anti-Atlas.

Der Gebirgszug, welchen wir mit dem Namen „Anti-Atlas" belegen, war in seinen westlichen Ausläufern schon zu Anfang des Jahrhunderts bekannt. Grey Jacksons Karte stellt die Verhältnisse des Gebirges südlich des unteren Ued Sus schon ziemlich genau dar und dient noch heute zur Aufklärung von Mardochées und Lenz' Route zwischen Ued el Ghas und der Landschaft Taserualt. Aber weiter nach Süden ist auch er nicht gelangt. Wenn schon in dem vom Sultan abhängigen Gebiete die Erforschung auf große Schwierigkeiten stößt, so ist die Durchquerung jener von unabhängigen Kabylen bewohnten Gegenden zwischen Ued el Ghas und Ued Draa, welche teilweise die Oberherrschaft des Sultans nominell noch anerkennen[4]), für einen Europäer, der nicht die Verkleidung eines Mohammedaners wirksam aufrecht erhalten kann, gleichbedeutend mit sicherem Tode. Nur drei Europäer haben sich in der ganzen Zeit seit Jackson freiwillig den Gefahren ausgesetzt: ein Engländer (Davidson 1836)[5]), ein Deutscher (Lenz 1879) und ein Franzose (Douls 1887)[6]). Während den ersteren kurz nach dem Eintritt in die Wüste sein Schicksal erreichte, ist der französische Reisende, durch die Erfolge seines ersten Versuchs zu einem zweiten ermutigt, während der Ausführung desselben ermordet worden (1889). Der Deutsche allein hatte das Glück, unter vielen Mühseligkeiten bis nach Timbuktu und von da nach St. Louis am Senegal sich durchzuschlagen. Leichter gelang die Durchquerung drei Männern, welche dem Erdteile entstammten: Panet[7]) (1850) und Bu el Moghdad (1861)[8]) aus Senegambien und dem Juden Mardochée (1875)[9]) vom Nordrand der Sahara, der später auch de Foucauld treffliche Dienste leistete. Eine dritte Gruppe von Reisenden, welche zur Erforschung dieses Gebiets beigetragen haben, umfaßt einige jener zahlreichen Opfer, welche die Schiffahrt an der Westküste der Sahara fordert; merkwürdigerweise besteht dieselbe wiederum aus einem Engländer (Riley 1815)[10]), einem Franzosen (Cochelet 1819)[11]) und einer Anzahl Deutscher unter Führung des Dr. Jannasch[12]).

---

[1]) Itinéraires au Maroc. B. S. G. P. 1887. Profil Nr. 1.
[2]) Ebd., Profil Nr. 3.
[3]) Leider ist uns diese Route nur aus Lannoy de Bissys Karte, Blatt 4, bekannt.
[4]) Jannasch a. a. O., S. 47 u. 52. — de Foucauld, Recon., S. 120.
[5]) Renou a. a. O., S. 55—56, 69—70. Lettre du sheykh Beyrouk, datée de Wednoun (Nachr. von der Ermordung Davidsons und Angabe seiner Route). B. S. G. P. 1837, Bd. VII, S. 109. Kritische Bemerkungen zu diesem Itinerar in Note sur ce document par d'Avezac. Ebd., S. 110—117; vgl. B. S. G. P. Bd. VIII, 1837, S. 339—342.
[6]) Le Sahara occidental et le Sud marocain. B. S. G. P. 1888, S. 437—479; mit Karte: Itinéraires à travers le Sahara occidental et le sud marocain 1:2200000.
[7]) Revue coloniale 1850, S. 379—445, 473—554; ohne Karte. Carte du voyage de Panet par MM. Panet et Renou. Paris 1851, 1:5000000. — Leop. Panets Reise durch die große Wüste von Afrika im Jahre 1850. Pet. Mitt. 1859, S. 101—112. Karte (T. 8) in 1:6000000.
[8]) Voyage par terre entre le Sénégal et le Maroc. Rev. marit. et. colon. 1861, Bd. 1, S. 477—493; mit Kartenskizze. — Ausführlicherer Bericht in Nouvelles annales des voyages 1861, Bd. II, S. 257—270. — Pet. Mitt. 1861, S. 476—477.
[9]) De Mogador au Djebel Tabayoudt, par le Rabbin Mardochée Abi Serour, résumé du „journal de voyage" par H. Duveyrier. B. S. G. P. 1875, S. 561—575, nebst Itinerar in 1:1450000.
[10]) Loss of the American Brig „Commerce" 1815, nebst dürftiger Kartenskizze.
[11]) Naufrage du brick français „La Sophie" perdu le 30 mai 1819. Paris 1821; mit Kartenskizze.
[12]) Die deutsche Handelsexpedition 1886. 2 Kartenblätter in 1:500000, umfassend die Gebiete 1. zwischen Ued Schwika und Ued Nun, 2. Ued Nun und Ued el Ghas.

Auf die Resultate ihrer Reisen im Einzelnen wollen wir hier nicht eingehen, da wir bei der Betrachtung der Geographie des Gebietes darauf zurückkommen müssen. Nur soviel sei bemerkt, daß erst die genaueren Itinerarien der drei letzten, wissenschaftlich vorbereiteten Forscher (Lenz, Jannasch, Douls) uns in den Stand gesetzt haben, die Hauptzüge des westlichen Anti-Atlas zu entwirren; die Berichte der älteren Reisenden bieten willkommene Ergänzungen. Unter ihnen sind noch die Abhandlungen des Spaniers Gatell[1]) zu erwähnen, die aber für die kritische Geographie nur von untergeordneter Bedeutung sind, da derselbe weder im Text noch auf den beigefügten Karten seine Routen angiebt.

Das Ostende des Anti-Atlas wurde 1864 von Rohlfs[2]) auf seiner denkwürdigen Reise nördlich von Tafilet durchschritten, während dieser Forscher schon drei Jahre vorher[3]) den Gebirgszug weiter östlich passiert hatte in dem Teile, welcher nach den Resultaten der Expedition von de Wimpffen[4]) (1870) als der letzte Ausläufer des ganzen Parallelzuges anzusehen ist. So war in den siebziger Jahren der Anti-Atlas im Osten und Westen überschritten worden, von Rohlfs auf seiner ersten Reise auch in der Mitte, aber man hatte den Gebirgszug noch nicht als Ganzes erkannt. Einen Schritt auf dieses Ziel hin bezeichnen die eingehenden Erkundigungen de Castries'[5]), die den Gedanken nahe legten, daß das von Rohlfs südlich des Susthales gesehene Gebirge sich östlich fortsetzt bis nach Tafilet und mit dem Hohen Atlas durch Querriegel verbunden ist, welche die Gewässer von Sus und Draa scheiden. Aber diese Annahme bedurfte der Stütze thatsächlicher Beobachtungen. Und diese brachte auch hier wieder erst de Foucauld, der den Anti-Atlas in seinem mittleren Teile in sechs Pässen überschritt und die Höhe derselben bestimmte. Gerade im Gebiete des Anti-Atlas, jener für Europäer so schwer zu erreichenden Gegend, erweisen sich die genauen Erkundigungen des hervorragenden französischen Forschers als Bindeglieder zwischen den den Osten und Westen durchquerenden Routen seiner Vorgänger, so daß wir heute den ganzen Verlauf des zweitbedeutendsten Zuges in dem Antlitz des marokkanischen Gebirgslandes als festgelegt betrachten können.

Djebel Bani.

Wie der Anti-Atlas, so wurde auch der Djebel Bani zuerst in seinen Enden entdeckt. 1861 überschritt Rohlfs[6]), vom Draa kommend, einen Höhenzug, der die Oase Tafilet im Südwesten und Westen umgrenzt, dessen Namen (Djebel Bellgrüll) und Verhältnis zu der nördlich liegenden Hochebene des Anti-Atlas er auf seiner zweiten Reise[7]) feststellte. 1875 traf Mardochée[8]), nach Überwindung eines Hügellandes, welches bei eingehender Vergleichung als ein Ausläufer des Anti-Atlas leicht erkannt wird, auf einen niedrigen Höhenzug, welchen die Einwohner „Djebel Bani" nannten. In gleichem Verhältnis zum Anti-Atlas liegend, mußte auch von Lenz etwas weiter östlich[9]) eine Kette überschritten werden, ehe er zur Oase Fum el Hossan am Rande der Sahara gelangte[10]). Aber auch hier war es de Foucauld, welcher die Kette als einen fortlaufenden Zug erkannte und durch seine Erkun-

---
[1]) L'Ouad Noun et le Tekna. B. S. G. P. 1869, Bd. XVIII, S. 257—267. Karte in 1 : 840000. — Description du Sous. B. S. G. P. 1871, Bd. I, S. 81—106. Karte in 1 : 1700000.
[2]) Pet. Mitt. 1865, S. 145—157.
[3]) Pet. Mitt. 1863, S. 361—370.
[4]) L'expédition de l'Oued-Guir. B. S. G. P. Bd. III, 1872, S. 34—60; mit Karte: Itinéraires d'Ain Ben Khélil à l'Oued-Guir et au Figuig 1 : 800000.
[5]) B. S. G. P. 1880, Bd. XX, S. 497—519; mit Karte.
[6]) Pet. Mitt. 1863.
[7]) Pet. Mitt. 1865.
[8]) A. a. O.
[9]) Im Gegensatz zu Lenz' Meinung (Timbuktu II, S. 11), welcher glaubt, daß Mardochées Route östlich von der seinigen liegt; bei Besprechung der Geographie des westlichen Anti-Atlas werden wir in eingehender Weise hierauf zurückkommen.
[10]) R. Kieperts Itinerar von Lenz' Reise stellt, im Widerspruch mit dem Bericht des Reisenden, diese Verhältnisse falsch dar.

digungen, die im Westen mit denjenigen Panets[1]) und im Osten mit denen de Castries'[2]) übereinstimmen oder an sie anschliefsen, die Lücken zwischen den erforschten Gliedern des Djebel Bani ausfüllte.

Es bleibt zum Schlufs noch übrig, einen Blick auf die Erforschungsgeschichte der dem Hohen Atlas im Westen vorgelagerten Tafelländer zu werfen. Dieselben bilden den am genauesten durchforschten Teil ganz Marokkos. Zu wiederholten Malen, besonders häufig seit 1860, sind sie auf etwa acht verschiedenen Wegen durchquert worden, welche gleich Radien von der Hauptstadt nach Westen und Nordwesten hin ausstrahlen. Das gröfste Verdienst um die Geographie dieses Teils hat Beaumier, dem in seiner Eigenschaft als Konsul eine freie Bewegung im Lande gestattet war. Ihm verdanken wir, aufser einer genaueren Darstellung des Küstensaumes zwischen Kap Spartel und Kap Sim[3]), eine grundlegende Karte für die Gegend zwischen Mogador, Marrakesch und Saffi[4]), welche in ihrem nördlichen Teile durch Thomson[5]), in ihrem südlichen durch Hooker[6]) und v. Fritsch[7]) wesentlich ergänzt wurde. Neben dem von diesen beiden Forschern verfolgten Wege Mogador-Marrakesch, der durch die öde, unfruchtbare nördliche Hälfte der Ebene von Marokko führt und nur durch von Staatswegen unterhaltene „Neslas" (Orte, wo die Karawanen Unterkunft und Wasser finden) benutzbar gemacht wird, giebt es noch eine Strafse, welche in grofsem Bogen sich dem Gebirge nähert und die nördlichen Ausläufer des Tafellandes von Mtuga und Haha überschreitet. Sie ist in ihrem östlichen Teile zuerst von Balansa begangen worden, aber genauer bekannt geworden erst durch die Berichte über die Reisen der französischen[8]) und der italienischen[9]) Gesandtschaft (1882), von denen der letztere sich durch seine guten Reliefaufnahmen, der erstere durch genaue Angabe der Entfernungen der berührten Orte auszeichnet. Denselben Vorzug hat der französische Bericht für die dritte Route, auf welcher von Masagan durch die Provinz Dukalla in südöstlicher Richtung schon Washington[10]) die Hauptstadt erreichte. Wenig östlich verläuft Badias Weg[11]), von Asemmur ausgehend und erst kurz vor der Hauptstadt mit der vorgenannten Route sich vereinigend. Der genaue Bericht des Spaniers ist noch heute von hohem Werte in orographischer und geologischer Beziehung als Bindeglied zwischen den oben erwähnten Reisen im westlichen Teile und denjenigen Washingtons[12]), Lenz'[13]) und Cremas[12]) im östlichen Teile der Tafelländer. Hier benutzten die drei Forscher mit geringen Abweichungen denselben Weg, der bei Fidalla die Küste verläfst und in fast rein südlicher Richtung durch die Provinz Schauja, das Gebiet der Beni Meskin und Provinz Sraghna zur Hauptstadt führt. Zwischen dieser Route und derjenigen Badias überschritt schon im vorigen Jahrhundert Lemprière[13]) den Ued Um er Rbia bei Tabulawan und erreichte bei el Mansura (nördlich von Fidalla) das

---
[1]) Erkundete Itinerarien, eingetragen auf Carte du voyage de Panet par MM. Panet et Benou; 1:3 000 000. Paris 1851.
[2]) B. S. G. P. 1880, Bd. XX, S. 497—519; mit Karte.
[3]) Voyages à la côte du Maroc de Tanger à Mogador par Auguste Beaumier, consul de France 1855—75. B. S. G. P. 1876, Bd. XI, S. 241—254. Karte in 1:800000.
[4]) Itinéraire de Mogador à Maroc et de Maroc à Saffy. B. S. G. P. 1866, Bd. XVI, S. 321—322. Karte in 1:500000. — Excursion de Mogador à Saffy. B. S. G. P. 1868, Bd. XV, S. 305—311. Karte in 1:800000.
[5]) Proceed. R. Geogr. Society. London 1889, S. 3—7. Travels in the Atlas and Southern Morocco. London 1889, vgl. Anm. 6 auf S. 14.
[6]) Journal of a tour in Marocco and the Great Atlas. London 1878, vgl. Anm. 11 auf S. 13.
[7]) Vgl. Anmerkungen 9 u. 10 auf S. 13.
[8]) Mission militaire, envoyée au Maroc en 1882. Bull. de la Soc. de géogr. et d'archéologie de la prov. d'Oran 1885, S. 157—175. — Marcel, Le Maroc. Paris 1885.
[9]) Missione Italiana da Tangeri a Marocco e Mogador, diretta dal Comm. S. Scovasso. Relazione dell' ing. C. F. Crema. Cora's Cosmos, Bd. VIII, 1884/85. 2 Karten in 1:750000 und 1 Profiltafel des ganzen Weges.
[10]) Journal of the Roy. Geogr. Soc. London 1830—31, S. 123—155. Karte in 1:1650000.
[11]) Ali Bey el Abassi, voyages en Afrique et en Asie pendant les années 1803—1807. Paris 1814. Karte.
[12]) A. a. O.
[13]) A tour from Gibraltar to Tangier, Sallee &c.

Meer. Die letzte Strafse, die aus dem Innern an die Küste tritt, verfolgt den Fufs des Gebirges in nordöstlicher Richtung bis in die Provinz Tedla, von wo aus sie mit nördlicher Umbiegung in Rbat ausmündet. Sie ist durch Le Valois[1]) und Erckmann[2]) bekannt geworden. Von ihr zweigt sich in Tedla der über die westlichen Vorstufen des Mittleren Atlas nach Meknes führende Weg ab, welchem de Foucauld in umgekehrter Richtung folgte.

II. Übersicht über die geognostischen Verhältnisse des Atlassystems und seine vertikale Gliederung.

Bevor wir an unsere eigentliche Aufgabe herantreten, ist es noch nötig, das Gebiet, welches der Gegenstand unserer Betrachtung sein soll, abzugrenzen gegen die beiden anderen, mit denen vereint es ein scharf umrissenes Ganzes bildet.

Auf dem Nordwestrande Afrikas erhebt sich ein Gebirgsland, an dessen meist steil abfallendem Südabhange entlang und der Streichungsrichtung der Gesamterhebung parallell eine der wichtigsten geologischen Scheidefurchen verläuft, im Westen durch das Bett des Ued Draa[3]), im Osten durch dasjenige des Ued Djeddi[4]) und die Depression der Schotts bezeichnet. Südlich dieser Linie beginnt die den ganzen schwarzen Erdteil auszeichnende Tafellandbildung in den flachliegenden[5]) Platten der Sahara, in deren geognostischem Zusammensetzung das Fehlen der älteren mesozoischen Gesteine einen Hauptzug bildet. Das Gebiet nördlich davon charakterisieren reiche Faltung und vollständige Entwickelung der Schichtenreihe von der ältesten Periode bis zur jüngsten als eine dem südwestlichen Europa eng verwandte Region[6]). Das Atlasland ist ein „nordischer Fremdling" auf afrikanischem Boden, ein Glied des grofsen mediterranen Faltungsgebirges, das erst in verhältnismäfsig junger Zeit und zwar durch lokale, für die Tektonik des ganzen Systems unbedeutende Veränderungen von Eurasien losgetrennt worden ist[7]). Im Osten, wo das Übergreifen der Eocän- und Kreideformationen über Malta auf Sizilien frühere Verbindung des nordwestafrikanischen Gebirges mit dem Apennin andeutet, haben Einbrüche in der späteren Tertiärperiode und in postglazialer Zeit den Zusammenhang aufgehoben[8]). Für den Westen, wo ein Überstreichen der jurassischen Kalkzone vom Djebel Musa zu dem Felsen von Gibraltar nachgewiesen ist[9]), beweist die Übereinstimmung der Landschneckenfauna des Quaternärs in Nordafrika und Spanien, dafs zwischen diesen beiden Gebieten eine Landverbindung bis in die gegenwärtige Periode bestanden hat[10]). Vor allem aber stellt die Analogie in Aufbau und Zusammensetzung die geologische Verwandtschaft des Atlassystems mit dem Apennin und der bätischen Kordillere aufser allen Zweifel: in Nordafrika wiederholt sich südwärts gewendet der Bau des Gebirges der italienischen Halbinsel und des Randgebirges von Südost-Spanien[11]).

[1]) Die Route von Le Valois ist uns nur aus Lannoy de Bissys Karte bekannt.
[2]) Le Maroc moderne.
[3]) Lenz, Timbuktu II, S. 16, 21, 23, 24. — Jannasch a. a. O., S. 135; Karte. — Douls a. a. O.; Karte. — Caillié's Route in Pet. Mitt. 1865, Taf. 6.
[4]) Rolland, Carte géologique du Sahara du Maroc à la Tripolitaine et de l'Atlas au Ahaggar; 1 : 5 000 000. B. S. G. P. 1886, S. 203—255; Hydrographie et orographie du Sahara algérien.
[5]) Lenz, Timbuktu II, S. 24. B. S. G. P. 1881, Bd. I, S. 290.
[6]) Suess, Das Antlitz der Erde, Bd. I, S. 461—462. — Blanckenhorn, Der Atlas, das nordafrikanische Faltengebirge. Ergzshft. Nr. 90 zu Pet. Mitt. (1888) mit geognost. Übersichtskarte des Atlas in 1 : 4 000 000.
[7]) Suess a. a. O., S. 376, 435—436.
[8]) Suess a. a. O., S. 291 u. 443. — Blanckenhorn a. a. O., S. 22.
[9]) Maw, Hooker's Journal, App. H., S. 446. — Suess a. a. O., S. 300. — F. de Botella, España y sus antiguos mares. Boletin de la Sociedad geográfica de Madrid 1877, Bd. II, Karten auf Taf. 2, 3, 4, 5, 6, 9.
[10]) Bourguignat, Malacologie de l'Algérie. Paris 1864, besprochen von V. A. Malte-Brun in Ann. des voyages 1866 I, S. 100—104: Des principes malaco-stratigraphiques du système européen et du Nord de l'Afrique nebst Carte du Nord de l'Afrique au commencement de la période actuelle. — Spanien, Algerien und Tunis. Briefe an Michel Chevalier von P. de Tchihatchef. Leipzig, Th. Grieben, 1882, S. 22. — Vgl. Blanckenhorn a. a. O., S. 47.
[11]) Suess a. a. O., S. 291—297 u. 302.

Die nördlichste Zone ist aus zwei Reihen jüngerer Eruptivbildungen zusammengesetzt, von denen die eine, aus Inseln bestehend, die Küste begleitet, die andere auf dieser selbst verläuft oder bisweilen tiefer in das Festland eingreift. In dem Einbruchsgebiet zwischen beiden ist ein großer Teil des ehemaligen, aus archäischem Gestein zusammengesetzten Küstengebirges hinabgesunken. Die Reste dieses alten Zuges springen, die Glieder der zweiten Zone bildend, in spitzen Kaps weit in das Meer vor und schließen, an manchen Stellen Horste[1]) bildend, halbkreisförmige Buchten ein, die aber ihre Gestalt mehr der Abrasionskraft der Brandungswelle als der mit dem Versinken des alten Gebirges zusammenhängenden Bildung von Einsturzkesseln verdanken[2]). Dem alten Schiefergebirge sind karbonische[3]) (?) Kalksteine und permisch-triassische Sandsteine aufgelagert. Hinter ihnen erheben sich die hohen, schroffen Schichtenköpfe des gefalteten Kalkgebirges, Jura und Kreide, welche den größten Teil des Baumaterials zu dem Atlassystem geliefert haben. Ihre Aufrichtung zum Gebirge hat in der Tertiärzeit begonnen, nachdem in der vorangehenden Periode die östliche Sahara sich mit einer Festlandsmasse bedeckt hatte und nun der von Norden her wirkenden faltenden Kraft einen Widerstand entgegensetzen konnte[4]). In jener Zeit beginnen auch die Einbrüche in dem alten Küstensaume unter gleichzeitigem Aufsteigen jüngerer Eruptivmassen zu beiden Seiten des Bruchrandes, das scheinbar erst in der gegenwärtigen Periode sein Ende erreichte[5]). Einige Massive des versunkenen Teiles sind später wieder aufgetaucht, von mächtigen Tertiärablagerungen bedeckt, welche, wie die dem Jura- und Kreidegebirge aufgelagerten jüngeren Schichten, an der fortgesetzten Faltung teilnahmen und im Osten (Djurdjura) dem großen südlichen Kalkgebirge angegliedert wurden, wodurch die sonst so scharf ausgeprägte Trennungsfurche zwischen diesem und der Reihe der Küstenmassive auf eine große Strecke verschwunden ist.

Eine besondere Stellung im Atlassystem nehmen die Glieder des südwestlichen Teiles ein. Die immer noch höchst dürftigen Forschungsresultate lassen vermuten, daß seine Ketten im großen und ganzen die nämlichen Gesteine bis zur Kreideperiode wie der Norden und Osten aufweisen[6]); aber der Umstand, daß ihnen im Süden ein Gebiet aus älteren (karbonischen und devonischen)[7]) Schichten vorgelagert ist, welches, eine nordafrikanische Meseta, der von Norden her drängenden faltenden Kraft einen festen Widerstand entgegensetzen konnte, hat hier einen früheren Beginn der Aufstauung bedingt[8]), so daß die Gebirgsbildung im marokkanischen Atlas wahrscheinlich schon in der paläozoischen Periode begonnen hat und in der Tertiärzeit, als im Norden und Osten des Atlassystems die ersten Faltungen stattfanden, in ihren wesentlichen Zügen schon vollendet war[9]).

So tritt infolge des verschiedenen Alters der Faltung und bedingt durch Einbrüche im nördlichen Teile eine geologische Dreiteilung im Atlasgebiete auf:

1. die marokkanischen Gebirge, fast ausschließlich aus paläozoischen und mesozoischen Gesteinen bestehend, deren Faltung zu Ende der sekundären Periode beendigt gewesen zu scheint;

2. das algerisch-tunesische Kalkgebirge, aus mesozoischen und jüngeren Schichten aufgebaut. Seine Erhebung fällt im wesentlichen in die Tertiärperiode, während die Quartärzeit sich auszeichnet durch eine starke Zersetzung der Oberfläche und ge-

---

[1]) Über den Ausdruck vgl. Suess a. a. O., S. 291.
[2]) Th. Fischer, Küstenstudien aus Nordafrika. Pet. Mitt. 1887, S. 10.
[3]) Bleicher, Bull. de la Soc. géolog. de France 1880, Bd. VIII, S. 303.
[4]) Vgl. Blanckenhorn a. a. O., S. 6.
[5]) Tchihatchef, Spanien &c., S. 142 u. 364.
[6]) Vgl. v. Fritsch, Geogr. Verbreitung geognost. Formationen. Geogr. Jahrbuch, Bd. VIII, S. 375—376. — Lenz, Beiträge zur Kenntnis der Tertiärbildungen in Nord- und Westafrika. Vhdlgn. d. K. K. geolog. Reichsanstalt zu Wien 1883, S. 230.
[7]) Lenz, B. S. G. P. 1881, Bd. I, S. 206.
[8]) Vgl. Blanckenhorn a. a. O., S. 6.
[9]) Lenz, Beiträge zur Kenntnis &c., a. a. O., S. 230.

waltige Ansammlung von Gebirgsschutt[1]), die das Gerüst des Gebirges auf weite Strecken verhüllen;

3. die Bruchstücke des alten Küstengebirges, deren archäischer Kern von paläozoischen Schichten und mächtigen Tertiärablagerungen bedeckt ist, während die im übrigen Atlassystem so stark ausgebildeten mesozoischen Schichten von geringer Ausdehnung sind.

Die geognostische Gliederung des Atlassystems zeichnet mit seltener Klarheit der Orographie die wesentlichen Linien vor. Nach dem heutigen Standpunkt unserer Kenntnis können wir den gebirgigen Nordrand Afrikas nicht mehr, wie es zuweilen noch geschieht[2]), als eine einheitliche, aus parallelen Zonen bestehende Erhebung ansehen, sondern müssen ihn als ein Erhebungssystem betrachten, das aus drei, nach Streichungsrichtung, Aufbau und Gliederung von einander sehr verschiedenen Teilen zusammengesetzt ist:

1. den marokkanischen Ketten,
2. dem „Plateau der Schotts und Sbachs",
3. dem Littoral oder Sahel.

Die marokkanischen Ketten.

Dieser zuerst zum Gebirge aufgerichtete Teil des Atlaslandes besteht aus drei in Südwest-Nordost-Richtung streichenden Zügen, einer mittleren Hauptkette und zwei Nebenketten, welch letztere durch zwei bedeutende Längsthäler von jener geschieden, aber mit ihr durch Gebirgsmassive verbunden werden, die jedes der beiden Längsthäler zwei Flufssystemen zuteilen. Dem nördlichen Thal entfliefsen Ued Muluia und Ued el Abid, die Gewässer des südlichen sammeln sich zum Ued Sus und Ued Draa. Östlich des letzteren Flusses, von ihm durch eine niedrige Bodenschwelle getrennt (50—60 m)[3]), sammelt noch in jener Scheidefurche der Ued Todgha seine Gewässer, um sie dem Ued Gheris zuzuführen, der aber, wie der weiter östlich fliefsende Ued Sis, zwischem Hohem Atlas und Anti-Atlas keine Längsthalbildung zeigt.

Dem System der drei Hauptketten vorgelagert, mit ihnen in Streichungsrichtung übereinstimmend und etwa in der Mitte seiner Erstreckung mit dem hier sich weit vorschiebenden Südfufse des Anti-Atlas verwachsen[4]), im übrigen aber durch eine wüste Ebene (el Feidja) abgetrennt, bildet der Djebel Bani den Abschlufs der eigentlichen Gebirgsbildung nach Süden.

Den Hauptzug in der Physiognomie des marokkanischen Gebirges bildet der Hohe Atlas, welcher mit seinen Vorbergen den Atlantischen Ozean berührt und in den letzten Ausläufern seines Hauptkammes den Nordrand des Schott Tigri bildet, während ein südlicher Nebenkamm, in einzelne Massive aufgelöst (Djebel el Akhdar — Djebel Dug)[5]), den Schott im Süden umzieht, alsdann nach Nordosten scharf umbiegt[6]) und erst im südwestlichen Winkel des Schott esch Schergi (Djebel Dug — Djebel Amrag) endet[7]). Vermöge seines hohen Kammes, den zahlreiche Gipfel von 3000—4000 m überragen, drückt der Hohe Atlas dem Kulturleben der Nordwestecke Afrikas sein Gepräge auf, indem er sich zwischen zwei im schroffsten Gegensatze zu einander stehenden Kulturzonen als hydrographische und klimatische Scheidewand erhebt: das marokkanische Tell schützt er vor dem

---
[1]) P. Marès, Note sur la constitution du Sahara dans le sud de la prov. d'Oran. Bull. de la Soc. géol. 1856—57, Serie II, Bd. XIV, S. 528.
[2]) Blanckenhorn a. a. O., S. 3.
[3]) Reconnaissance, Kartenblätter Nr. 15 u. 16.
[4]) Reconnaissance, S. 136.
[5]) de Wimpffen a. a. O., S. 86; Karte. Vgl. die in der Darstellung des Djebel el Akhdar etwas abweichende Carte du Sud-Oranais in 1 : 400000, 4 Bl. Paris, Challamel ainé, 1884.
[6]) de Wimpffen a. a. O. — Perrot, Itinéraire de Géryville à Figuig et retour (1866). B. S. G. P. 1881, Bd. II, S. 273—302. Karte in 1 : 500000.
[7]) Destugue, Hauts Plateaux et Sahara de l'Algérie occidentale. B. S. G. P. 1874, Bd. VII, S. 125, nebst Carte d'ensemble des Hauts Plateaux &c. in 1 : 500000.

ausdörrenden Hauch des Samum[1]) und hält von den auf seinem Südabhang beginnenden Sahararegion die feuchten Seewinde ab, wodurch er jeder der beiden klimatischen Provinzen ihre charakteristischen Produkte zuweist (Getreide, Datteln). Dafür setzt er auch dem Verkehr zwischen jenen beiden Gebieten gewaltige Hindernisse in den Weg. Schwierig zu übersteigende Pässe führen über ihn hinweg, deren Höhe südlich der Hauptstadt beinahe 3600 m[3]) erreicht, im östlichen Teile um 1000—1500 m[5]) und im niedrigen westlichen bis auf ca 1200 m[4]) sinkt.

Geringere Schwierigkeiten bieten dem Verkehr die Nebenketten. Der Anti-Atlas beginnt gleichfalls an der Westküste[5]) und zieht sich mit wechselnder Kammbildung bis nahe an die algerische Grenze, in seiner ganzen Erstreckung etwa die Länge des Hauptzugs erreichend (ca 1000 km). De Foucauld glaubt[6]), daſs er zwischen Ued Draa und Ued Sis sein Ende erreicht; doch machen die Reisen von Rohlfs und de Wimpffen es zur Gewiſsheit, daſs der Anti-Atlas erst in der schmalen Hochfläche im Norden der Oase Knadsa erlischt. In den sieben überschrittenen Pässen erreicht er im Mittel 2000 m[7]), über welche Höhe der gleichförmige Kamm nur wenig hervorragt. In seinem westlichen Verlauf scheidet er die Zuflüsse des Ued Sus und des Ued Draa und setzt infolge seiner bedeutenden Erhebung über das nördlich und nordwestlich vorgelagerte Tiefland die klimatische Scheidewand zwischen Tell und Sahara, die im Osten von der Hauptkette gebildet wird, fort, indem er die Landschaften am Ued Sus und südlich bis zum Ued Assaka der mediterranen Provinz zuweist[8]), während auf seinem Südabhang die Dattelkultur beginnt[9]). Östlich von der Stelle, wo er mit dem Hohen Atlas verwächst, hört der Anti-Atlas auf, Hauptwasserscheide zu sein. Jenseits des Draa-Durchbruches hebt der Zug sich noch einmal zu seiner bedeutendsten Höhe (Djebel Saghro 2300 m[10]), senkt sich aber dann, ähnlich der Hauptkette östlich ihres Kulminationspunktes (Djebel Aiaschin), bedeutend[11]) und nimmt immer mehr die schon im Saghro angedeutete[12]) Hochflächengestalt an[13]).

Die nördliche Nebenkette, der Mittlere Atlas, beginnt[14]) unter 31° 50' n. Br. und 6° 50' w. Gr. in der Provinz Demnat am Austritt des Ued Tessaut el Fukia aus dem Hochgebirge und verläuft in südwest-nordöstlicher Richtung bis zum Durchbruch des Ued Muluia, im ersten Teil von niedrigen, platten Vorbergen begleitet; wo diese aufhören, jenseits der engen Schlucht des Ued el Abid, erhebt sich der Kamm erst zu bedeutender Höhe[15]). Östlich des Weges Fes-Ksabi esch Schörfa tritt Gabelung desselben ein[16]). Die höchsten Gipfel des Mittleren Atlas erreichen etwa 3000 m[17]). Der Nordabfall der Kette geschieht in drei Terrassen, welche nach Westen hin sich ausbreiten bis zur Küste an der Mün-

---

[1]) In Mogador durchschnittlich nur zwei Tage im Jahre zu spüren. Hooker, Journal, S. 90.
[2]) Tisi Tagherat 3581,25 m. Mitt. d. Ges. f. Erdk. Halle a. S. 1879, S. 28.
[3]) Tisi n Telust 2634 m (de Foucauld a. a. O.); — Tisi n Telust 2540 m (Thomson a. a. O.); — Tisi n Telghemt 2589 m (Rohlfs); 2182 m (de F.).
[4]) Lenz, Timbuktu I, S. 277.
[5]) Die ersten Höhen des Anti-Atlas traf Jannasch (a. a. O., S. 184) am Südufer des unteren Ued Assaka.
[6]) Reconn., S. 101.
[7]) Von Westen nach Osten folgen die Pässe: Tisi Iberkaken 1912 m, Tisi Asrar 1934 m, Tisi n Baru 2059 m, Tisi Agni 1674 m, Tisi Tifernin 1672 m, Trik Iril n Oittob 2280 m. de Foucauld, Reconn. S. 100. Itinéraires au Maroc. B. S. G. P. 1887: Karte. Die 3 von Lenz (1100 m), Mardochée und Jannasch überschrittenen Pässe im Süden und Südwesten von Ilegh (Tasernalt) gehören nicht dem Hauptgebirge, sondern einer südlichen Vorkette an. Ausführliches im Speziellen Teil unter „Anti-Atlas".
[8]) de Foucauld, Itinéraires, a. a. O. S. 118. — Gatell, L'Ouad Noun et le Tekna, a. a. O., S. 260—263. Gatell, Description du Sous, a. a. O., S. 63—84.
[9]) de Foucauld, Reconn., S. 174.
[10]) Reconn., Kartenblatt Nr. 15.
[11]) Reconn., S. 101.
[12]) Reconn., S. 213.
[13]) Rohlfs, Pet. Mitt. 1865, S. 173.
[14]) Reconn., S. 100.
[15]) Itin. au Maroc, a. a. O., Profil Nr. 1 u. 2.
[16]) Nach Berquin auf Blatt 4 von Lannoy de Bissy's Carte de l'Afrique.
[17]) Rohlfs überschritt das Gebirge im Megader Paſs 2517 m; de Chavagnac (a. a. O.) schätzte ein Massiv, welches dem Nordende der Kette zuzuweisen ist (Dsch. Obiod) auf 3000 m.

dung des Ued Bu Regreg. Da das Gebirge in diesem Teile von räuberischen Stämmen (Saian, Semmur Schellaha und Sair) bewohnt ist, welche den Karawanen den Durchzug sehr erschweren und denen sogar der Sultan in neuerer Zeit auf seiner alljährlichen Reise aus dem Wege geht[1]), so bilden diese Ausläufer des Mittleren Atlas eine Scheide zwischen den beiden ehemaligen Königreichen (Fes und Marokko)[2]), aus denen das Sultanat nördlich des Hohen Atlas besteht, weshalb auch die Hauptverkehrstraße das Gebirge in einem großen Bogen westlich umgeht. Nach Osten zu nehmen die Stufen an Breite ab und an Steilheit des Abfalls zu, besonders östlich von Sfru, bei welchem Orte die unterste Terrasse ihr Ende erreicht[3]). Hier beginnt bereits die Gebirgsbildung (zwei Terrassen), die sich östlich des Ued Muluia in geringerer Höhe fortsetzt und für den Tellatlas des westlichen Algerien so charakteristisch ist[4]). Am Fuße der Terrassen verläuft die große Scheidefurche zwischen dem eigentlichen Atlas und dem Küstengebirge, durch die Längsthäler des Ued Innauen und des Ued Msun bezeichnet. In dieser Furche führt seit alters der bedeutendste Verkehrsweg des nördlichen Atlaslandes von Algier über Tlemcen, Udjda (683 m)[5]), Tesa (620 m)[5]) nach Fes (390 m bzw. 352 m)[6]) und Meknes (535 m)[5]) und weiter durch die Anschwemmungsebene des unteren Ued Sebu (40—50 m)[7]) nach Rbat an der Küste.

Im Winkel zwischen dem Hohen Atlas, der östlich vom Djebel Aiaschin eine mehr ostnordöstliche Streichungsrichtung annimmt, und dem nordöstlich verlaufenden Mittleren Atlas, im Westen durch eine Reihe von Hochflächen vom Gebiete des Ued el Abid getrennt[8]), breitet sich die Quellebene des Ued Muluia aus, welche in orographischer und geognostischer Beziehung[9]) dem marokkanischen Gebirge angehört. Von dem Austritt des Flusses aus derselben unterhalb Kasba el Makhsen (1211 m)[10]) an bezeichnet die Richtung seines Laufes schon die für den östlichen Teil des Atlaslandes so charakteristische Neigung nach Norden. Im Osten wird das breite Thal von einem niedrigen Walle umgeben, dem Rekkam, der sich an den Nordfuß des Hohen Atlas anlehnt, von dort quer durch bis zum Südfuß der Gada (Hochebene) von Debdu sich hinzieht und in einigen niedrigen Stufen mit sanften Hängen nach Westen abfällt[11]), nicht, wie Lannoy de Bissy[12]) und Andree-Scobel es darstellen, als Ausläufer der marokkanischen Hauptkette. Der Rekkam scheidet den Ued Muluia von seinen östlichen Zuflüssen, die sich in der Furche des Ued Sa[13]) vereinen und schon ganz dem zweiten Teile des Atlassystems angehören, dem auf der sanften östlichen Abdachung des Rekkam beginnenden und auf marokkanischem Gebiete „Dahra"[14]) genannten

„Plateau der Schotts und Sbachs".

Dasselbe ist eine muldenförmige Hochfläche[15]) von mehr westöstlicher Erstreckung und 110 km[16]) mittlerer Breite, welche nach der die Linie ihrer tiefsten Einsenkung bezeich-

---

[1]) Erckmann, S. 65: Früherer Weg des Sultans: Bejad oder Bu el Djad-Meknes. — Vgl. de Foucaulds Itinerar.
[2]) Erckmann a. a. O., S. 22.
[3]) de Foucauld, Itinéraires &c.; Karte.
[4]) Bourdon, Note sur la géogr. phys. de la prov. d'Oran. B. S. G. P. 1869, Bd. XVII, S. 445—446.
[5]) de Foucauld, Reconn. Kartenblätter 20, 4, 3.
[6]) 1. Wert: de Foucauld, Reconn. Kartenblatt 3; 2. Wert: für die untere Stadt, von Duveyrier als Mittel aus 139 Beobachtungen gefunden. Renou, Deux notes sur le Maroc. C. R. S. G. P. 1886, S. 505.
[7]) Rich. Kiepert, Itinerar von Lenz' Reise, a. a. O.
[8]) Nach Erkundigungen de Foucaulds: Reconn., S. 102. — Schaudt a. a. O., S. 405—406.
[9]) Pet. Mitt. 1865, S. 169.
[10]) de Foucauld, Itinéraires; Karte.
[11]) de Foucauld, Reconn., S. 239; Profil.
[12]) Blatt Nr. 5.
[13]) „Saar" bei Habenicht aus Colvilles Karte übernommen, wo langer a-Laut durch ar bezeichnet wird; vgl. Tssrsa-Tassa-Tâsa, Ksabar-Ksabs.
[14]) Schaudt a. a. O., S. 301: Dahara. — de Foucauld, Reconn., S. 372.
[15]) P. Marès, B. S. géol. 1856/57, Bd. XIV, S. 595—596. — Derrécagaix, Le sud de la prov. d'Oran. B. S. G. P. 1873, Bd. V, S. 6. — Th. Fischer, Küstenstudien aus Nordafrika. Pet. Mitt. 1887, S. 3.
[16]) Vgl. Th. Fischer, Fünfzig Jahre französ. Herrschaft in Algier. Preuß. Jahrbuch, Bd. VI, 1880, S. 593. — Der von Vivien de Saint-Martin (Nouv. dict. &c., a. a. O.) angegebene Wert (150 km) scheint uns zu hoch gegriffen zu sein.

nenden Salzbecken der Schotts (1000—1400 m) und der Sbachs (über 800 m) benannt wird.
Hohe Ränder, welche durch zahlreiche, den Verkehr erleichternde Faltungs- und Erosions-
furchen in einzelne Massive aufgelöst sind, schließen die Hochfläche ein, nach den Kulturzonen, denen sie angehören, Tellatlas und Sahara-Atlas genannt, vielfach an 2000 m heran-
reichend und je in einem Gipfel von über 2300 m[1]) kulminierend. Ihr Anschluß an die
marokkanischen Ketten liegt in fast völlig undurchforschten Gebieten; nach unserer heutigen
Kenntnis stellt er sich folgendermaßen dar:

Der Mittlere Atlas endet als Kettengebirge am Durchbruch des Ued Muluia[2]) mit zwei
zu 3000 m und 2000 m[3]) geschätzten, nördlich abfallenden Terrassen; jenseits dieser Furche
erhält der Kamm seine Fortsetzung in dem bedeutend niedrigeren „Plateau von Debdu"
(1600 m)[4]), das bis zum Ued Sa zu reichen scheint[5]). Durch die Ebene der Tafrata von
der oberen Stufe getrennt, bildet eine niedrige Schwelle (el Gelob), welche die große, wüste
Ebene Angad im Süden begrenzt, die Fortsetzung der Terrasse des Djebel Ghiata[6]), an Höhe
der letzteren aber bei weitem nicht gleichkommend. Diese deutliche Abstufung des Gebirges
in zwei Terrassen erhält sich in dem westlichen Tellatlas, welchen Namen man deshalb
wohl besser bis zum Ued Muluia ausdehnt, zumal da man dadurch auch der oben[7]) an-
gedeuteten hydrographischen Zweiteilung in dem Becken jenes Flusses gerecht wird. Der
Tellatlas setzt sich auf seiner Erstreckung durch Algier und Tunis aus drei, durch tiefe
Durchbruchsthäler getrennte Glieder mit verschiedener Oberflächengestalt zusammen. Der
erste Teil mit seinen zwei deutlich ausgeprägten Abrasionsstufen (2000 m — 800/1000 m)[8])
und der aus Gebirgsschutt aufgefüllten, scheidenden Ebene reicht bis zum Schelifdurchbruch
(Boghari 633 m)[9]), in seinem letzten Massiv, dem Uarsenis, das zweite seiner charakteristischen Merkmale schon verlierend. Von da streicht das nach Norden sich ausbrei-
tende Randgebirge fast rein östlich in zwei Ketten, deren nördliche die höchsten Gipfel
trägt, um jenseits der Seybouse-Furche (Guelma 270 m)[10]), in die südwest-nordöstliche Richtung übergehend, in einer niedrigen, immer mehr sich auflösenden Kette mit abschüssigen
Hängen unmittelbar an das Meer zu treten[11]) und die wegen ihrer steilen Wände und ge-
fährlichen Kaps gefürchtete côte de fer zu bilden.

Der Südrand des „Plateaus der Schotts und Sbachs" nimmt seinen Anfang am Ued
Gir, wo seine letzten Massive, Djebel Selma[12]) und Djebel bu Gres[13]), sich zwischen
den Hohen Atlas und den Anti-Atlas vorschieben, von jenem durch die im Mittel 25 km
breite Tamletebene getrennt[14]), von diesem durch eine schmälere Ebene[15]), dem letzten Ausläufer der von Rohlfs bei seinem Austritt aus dem Hohen Atlas überblickten „großen
Wüste", in welcher die 4 Stunden lange Oasengruppe Mdaghra sich ausdehnt bis zum Nordrande des Anti-Atlas[16]).

---

[1]) Chelia 2320 m (Aurès-Gebirge); Lalla Khedidja 2308 m (Djurdjura). Altitudes des principales localités
de l'Algérie &c. B. S. G. P. 1868, Bd. XV, S. 406—407.
[2]) de Foucauld, Reconn., S. 246.
[3]) de Chavagnac a. a. O.; Karte.
[4]) de Foucauld a. a. O.; Kartenblatt Nr. 19. Ebenso Schaudt, Ztschr. f. d. Ges. f. Erdk. Berlin
1883, Bd. XVIII, S. 299: Muluja-Dewdu, Gebirgsplateau; S. 300: südlich davon bis Figig: Dahra.
[5]) Reconn., S. 374.
[6]) Reconn., S. 372.
[7]) S. 23.
[8]) Bourdon a. a. O., S. 446—448.
[9]) Altitudes &c. B. S. G. P. 1868, Bd. XV, S. 406—407.
[10]) Ebd.
[11]) La Tunisie, géogr., évènements de 1881 &c. par Amédée Rivière, S. 2.
[12]) Dastugue, Carte générale du commandement du Tafilala, dressée sur renseignements fournis par des
indigènes de Tafilala. B. S. G. P. 1867 (avril).
[13]) Ebd. — de Wimpffen a. a. O., S. 36.
[14]) de Wimpffen a. a. O., S. 36.
[15]) Ebd., S. 39; Karte.
[16]) Pet. Mitt. 1865, S. 171—172. — Schaudt a. a. O., S. 400: Erstreckung der Oase Montagna
= 5 Stunden.

Der Sahara-Atlas erhebt sich fast auf seiner ganzen Erstreckung schroff über den Platten der Wüste[1]); erst östlich der Bresche von Biskra treten zugleich mit der Umbiegung in die südwest-nordöstliche Streichungsrichtung niedrige Vorketten auf, welche den Abfall zu der Schottdepression und der tunesischen Küste mildern[2]). Beide Plateauränder enden an der Syrte in niedrigen Kaps (ca. 400 m) und schließen mit ihren östlichen Enden das Medjerdabecken ein[3]), dessen orographische Verhältnisse, wenn auch infolge des freien Zutritts der Meereswinde mannigfach umgestaltet, es in engen Zusammenhang mit dem „Plateau der Schotts und Sbachs" bringen und als dessen östliche Abdachung charakterisieren[4]).

Sahel oder Littoral.

Von den beiden Teilen des Hauptgebirges durch eine tiefe, auf einer großen Strecke bis unter 100 m sinkenden, für den Verkehr wichtigen Längsfurche getrennt, verläuft an der Küste entlang eine zusammenhanglose Reihe meist völlig isolierter Massive mit einer zwischen 400 m und 2000 m schwankenden Höhe, die sogenannte Küstenkette[5]), welche durch ihre von der Hauptrichtung des Systems abweichenden und auf Zusammenhang mit dem südöstlichen Gebirge der Iberischen Halbinsel hindeutenden Streichungsrichtung den Verlauf des alten Küstengebirges bezeichnet. Nur im Osten der Stadt Algier hat das vom „Plateau der Schotts und Sbachs" übergreifende Tertiärgebirge die scheidende Furche ausgefüllt, woraus sich die bisher noch immer übliche Zusammenfassung der Vorkette mit dem Tellatlas erklärt[6]).

Was den Namen jener Reihe Küstenmassive anbetrifft, so dürfte die allgemeinere Bezeichnung „Littoral"[7]) dem gleichfalls von Reclus vorgeschlagenen „Sahel"[8]) und dem von Lenz[9]) gebrauchten „Rif"[10]) mit ihren speziellen Bedeutungen vorzuziehen sein.

B. Spezieller Teil.
I. Der Hohe Atlas.

Der Hohe Atlas erreicht als Hochgebirge sein Ende in dem Tizi n Telghemt 4° 15′ w. Gr. (Rohlfs[11]) 2589 m, de Foucauld[12]) 2182 m); östlich von diesem Passe senkt sich der Kamm bedeutend[13]), um dann immer mehr an Höhe abzunehmen und sich zu einer stark erodierten Hochfläche[14]) auszubreiten, in deren letzten Teil der steilwandige[15]) Schott Tigri (1° 40′ w. Gr., 1137 m)[16]) eingeschnitten ist. Die Hochfläche selbst schätzt Marès auf 1250—1300 m)[17]).

Das eigentliche Hochgebirge setzt sich, wie wir oben[18]) schon sahen, aus zwei Flügeln zusammen, einem westlichen und einem östlichen. Der Kamm des ersteren besteht aus älteren

---

[1]) Derrécagaix a. a. O., S. 251—252. — Latruffe, Les Monts Aourès. B. S. G. P. 1880, Bd. XX, S. 245. — Rolland, Carte géologique du Sahara du Maroc à la Tripolitaine et de l'Atlas au Ahaggar, 1 : 5 000 000. B. S. G. P. 1885, S. 208—255: Hydrographie et orographie du Sahara algérien. — [2]) C. Tissot, Notice sur le Chott el Djerid (2 Excurs. in 1853 u. 1857). B. S. G. P. 1879, S. 5—26 nebst Karte. — Roudre, Le littoral tunisien, le Sahel, le pays de Sfax. Rev. de géogr. 1883, Bd. XII, S. 161—179; 1884, Bd. XIV, S. 15—36. Carte du pays de Sfax et de l'Enfida avec la rég. occid. du pays de Kairouan in 1 : 800 000. — [3]) Carte de la Tunisie, dressée au service géogr. de l'armée. 1889. 1 : 800 000, 2 Bl. — [4]) Vgl. dieselbe Auffassung bei Reclus, a. a. O., S. 148. — [5]) Th. Fischer, Küstenstudien, a. a. O., S. 3. — [6]) Blanckenhorn a. a. O., S. 3. — [7]) Reclus a. a. O., S. 504. — [8]) Über die Bedeutung des Wortes „Sahel" vgl. Roudre, Rev. de géogr., 1883, Bd. XIII, S. 168 und Cherbonneau, Légende territoriale de l'Algérie &c. Rev. de géogr., Bd. XIV, 1884, S. 142. — [9]) Timbuktu I. S. 291. — [10]) Die Bezeichnung „Rif" (nach Cherbonneau a. a. O., S. 65: „bebautes Land", „Gestade") wird gewöhnlich nur auf das marokkanische Küstengebirge angewandt. — [11]) Peterm. Mitt. 1865, S. 119. — [12]) Reconn., Blatt 17. — [13]) de Foucauld, Itinéraires; Profil Nr. 7 u. 8. — [14]) S. de Colomb: Itinerar auf die Kare „Itinéraires d'Aïn Ben Khélil à l'Oued-Guir &c". B. S. G. P. 1872. — [15]) Marès, B. S. géol. 1856—57, Bd. XIV, S. 532. — [16]) Annuaire de la Soc. météorol. de France (séance du 27 décbr. 1859), Bd. VII, S. 222. — [17]) B. S. géol., a. a. O., S. 532. — [18]) S. 14.

paläozoischen Gesteinen, welche schon zum Gebirge aufgerichtet waren, bevor die jüngeren Schichten an ihrem Nordfuſs sich ablagerten. Im Ostflügel greift das jüngere Gestein auf den Kamm über, den es in seiner ganzen Ausdehnung zu bilden scheint[1]). Derselbe erreicht nach Thomson, mit Ausnahme des Teiles um Djebel Aiaschin (4500 m)[2]), wohl nirgends die Höhe des westlichen Kammes; der englische Forscher schätzt ihn auf 3000 m[3]). Die Verschiedenheit im geologischen Aufbau bedingt den Unterschied in der Gestalt von Kamm und Gipfel, welche im östlichen Flügel massigere Formen haben[4]), während die leichter denudierbaren Bestandteile des westlichen, zumal unter Einfluſs der Meeresnähe, schärfere Konturen angenommen haben. Die Grenze zwischen beiden Flügeln verläuft östlich des Tisi n Teluet (südöstlich der Hauptstadt Marrakesch), welcher mit seinen Schiefern und Quarziten[5]) selbst noch zum westlichen gehört, zwischen dem oberen Ued Ghdat und seinem östlichen Zufluſs, dem Asif Adrar n Iri, deren Thäler in ihren geologischen und wirtschaftlichen Verhältnissen den grofsen Kontrast zwischen Westen und Osten ebenso zum Ausdruck bringen[6]), wie die beiden Bergriesen, welche sie scheiden, die Pyramide des Djebel Glaui im Westen und der platte Gipfel des Adrar n Iri[7]) im Osten.

a. Der Westflügel des Hohen Atlas.

Der ältere Teil des Hohen Atlas zerfällt in drei scharf ausgeprägte Ketten, welche, durch zwei tiefe Längsthäler[8]) (Ued Nfis [30° 55′ n. Br.] und Ued Urika [SSO von Marrakesch]) geschieden, staffelförmig angeordnet sind. Gestalt und Höhe des Kammes hängt von der geognostischen Zusammensetzung ab. In der westlichen und scheinbar auch in der östlichen Kette herrschen Sedimentgesteine (besonders Schiefer) vor: daher hier die tief eingeschnittenen Pässe, die von hohen Gipfeln überragt werden; im Hauptkamme des zentralen Teiles dagegen spielen jene Gebilde gar keine Rolle[9]): derselbe ist aus krystallinischem Gestein aufgebaut, welches ihm das Aussehen einer Mauer mit niedrigen Zinnen verleiht. Die unteren Regionen des ganzen Westflügels werden von (meist kretazeischen) Kalk- und Sandsteinschichten gebildet, welche im Süden und Südwesten der Hauptstadt bis etwa 1500 m[10]) reichen. Im Südosten derselben scheint das höhere Emporsteigen des Sandsteins (2000 m)[11]) schon auf den Wechsel in den geognostischen Verhältnissen hinzudeuten, der sich östlich des Ued Ghdat vollzieht.

1. Westlicher Teil.

Der Kamm des Hohen Atlas beginnt im Westen unter 9° 5′ w. Gr.[12]) und reicht in seinem ersten Abschnitt bis zum Querthal des Ued Nfis (7° 5′ w. Gr.): ein Rücken mit massigen, durch tiefe Kammeinschnitte getrennten Kuppen und Kegeln[13]), aus meist sehr steil aufgerichteten älteren paläozoischen Schichten von vorwiegend schieferiger Struktur. In seinem westlichen Verlaufe fand Lenz[14]) Thonschiefer und Quarzschiefer mit mächtigen Brauneisensteinmassen, besonders nördlich von Emnislah (südlich des Bibaoanpasses), bei welchem Orte die Strafse die aus Gebirgsschutt gebildeten südlichen Vorhügel verläfst. In dem Gebirge südlich von Amsmis und am Durchbruch des Ued Nfis gesellt sich zum Thonschiefer noch Grauwacke[15]), während zu gleicher Zeit die Nähe des alten Eruptionsherdes, aus dem die Massen des zentralen Teiles hervorgequollen sind, sich fühlbar macht. Hier

---

[1]) Thomson, Trav., S. 172. — Rohlfs, Pet. Mitt. 1885, S. 170. — [2]) von Ranon (O. R. S. G. P. 1885, S. 506) nach de Foucaulds und de Wimpffens Angaben über Gipfel mit „ewigem Schnee" auf 4500 m geschätzt; von Rohlfs (P. M. 1866, S. 119) auf mindestens 1000 m höher als Tisi n Telghemt angegeben: ca 3600 m. — [3]) Ebenso hoch geschätzt aus der Ferne von Crema: Cosmos Cosmos 1884—1885, S. 11. — [4]) Thomson, Travels, S. 173. — [5]) Proceed., a. a. O., S. 9. — Travels, S. 213. — [6]) Travels, S. 204—205. — [7]) Travels, S. 245. — [8]) Proc. 1889, S. 11. u. 14. — Travels, S. 462. — [9]) Vgl. die geolog. Karte in Travels, welche übrigens stark verallgemeinert. — [10]) Maw, Hookers Journal App. H., S. 458. — Thomson, Travels, S. 300 u. 325. — [11]) Washington a. a. O.; Profil. — [12]) Thomson, Karte in Proc. — [13]) v. Fritsch. M. V. f. E. Halle a. S. 1878, S. 56; 1879, S. 22. — v. Fritsch, Ztschr. f. d. ges. Ntw. 1881, S. 205: rel. Höhe der Gipfel 400—500 m. — Thomson, Travels, S. 431. — [14]) Timbuktu 1, S. 385. — [15]) Thomson, Travels, S. 300, 304 u. 315.

haben Porphyrmassen die Thonschiefer des Djebel Tisa durchbrochen[1]) und metamorphosiert[2]).

Was die Höhenverhältnisse betrifft, so überschritt Lenz[3]) die Kette im Bibauan-Pafs (8° 52' w. Gr.) in wenig über 1200 m. Westlich davon senkt sie sich rasch ihrem Ende zu[4]) dagegen steigt unmittelbar östlich der Kamm in dem Djebel Ida u Siki auf ca 2000 m[5]) und im Djebel Ida Mhammed auf 3000 m[6]); nach Lenz erreichen diese Berge sogar 4000 m[7]). Ball legte nach Hookers Erkundigungen[8]) den Djebel Ida u Siki westlich (vgl. Lannoy de Bissys Karte), den Djebel Ida Mhammed östlich vom Bibauanpasse, das erstere Massiv als Ostende des „Secatlas"[9]) betrachtend[10]). Lenz' Beschreibung seiner Pafsüberschreitung und de Foucaulds Profil Nr. 5 deuteten die wirklichen Verhältnisse schon besser an, die dann bei Thomson am klarsten zum Ausdruck gekommen sind. Der Bibauanpafs[11]) liegt nicht im Nordosten von Tarudant, wie R. Kiepert[12]) meint, sondern etwa nordnordwestlich von jenem Orte, wie von verschiedenen früheren Forschern[13]) bezeugt ist und durch de Foucauld[14]) und Thomson[15]) bestätigt wird. Im weiteren östlichen Verlaufe der westlichen Kette zählt Hooker noch zwei Gipfel südlich von Imintanut und Seksaua auf, die er auf etwa 3000 m angiebt[16]). Diese Berge dürften mit den auf Balansas Karte angeführten Djebel Aithadius und Lella Sisa (beide nach Vegetations- und Schneegrenze auf 3100 m geschätzt) identisch sein; Hooker hörte jene Namen von den Eingeborenen nicht nennen[17]). Aufserdem führt Lenz einen für Lasttiere unpassierbaren Übergang über das Gebirge an, der von Seksaua dem Thal des Ued Afansu folgen soll[18]). Unter 8° 5' w. Gr. gabelt sich der Kamm[19]), um das erste der beiden oben erwähnten Längsthäler, dasjenige des Ued Nfis (ca. 1500 m)[20]), einzuschliefsen. Geologischer Aufbau und Gestalt von Kamm und Gipfel charakterisieren die nördliche Thalwand als Fortsetzung des westlichen Kammes[21]), während der aus krystallinischem Kalkstein[22]) bestehende niedrigere[23]) Südkamm (Djebel Wischdan), der, wie Thomson vom Tisi Nemiri aus bemerkte, mit dem Nordkamm sich vereinigt und das Quellgebiet des Ued Nfis umschliefst[24]), als Anfang der zentralen Gebirgskette anzusehen ist[25]). Der letzte Teil des Schieferkammes läuft von dem Punkte, wo die Gabelung stattfindet, nordwärts, um bald östlich umzubiegen und den Ued Nfis bis zu seiner nördlichen Wendung zu begleiten[26]). Nach Norden hin strahlt der Kamm auf dieser Erstreckung eine Reihe von kleinen Ausläufern aus[27]), welche mit 1500 m relativer (ca 3000 m absoluter) Höhe[28]) auf die vorgelagerten jüngeren Kalk- und Sandsteinbänke steil abstürzen und die Quellflüsse des Ued Ammznis, des Ued Ratmii und des Ued Erdus scheiden, aus deren Thälern drei Pässe[29]) mit höchst schwierigem Auf- und Abstieg von ca 3000 m hinüberführen nach Ogdimt und Gindafi, den beiden Landschaften am oberen Nfis. Der bequemste und seiner zentralen Lage wegen am meisten benutzte Weg folgt der Furche des Ued Nfis, tritt bei Imaghiren (31° 10' n. Br.) in das Gebirge[30]) und berührt, langsam

---

[1]) Hooker, Journal, S. 254. — [2]) Maw, Journal, App. H., S. 463. — [3]) Timbuktu I, S. 277. — [4]) Travels, S. 477. — [5]) Travels, S. 476. — [6]) Thomson, Karte in Proc. R. Geogr. Soc. London 188. — [7]) Voy. du Maroc au Sénégal. B. S. G. P. 1881, Bd. I, S. 204. — [8]) Journal, S. 294. — [9]) Reclus, S. 663. [10]) Maw, Journal, S. 457. — [11]) „Pafs der Thore"; die gewöhnliche Form des Namens ist Bibauan (vgl. Lenz, Timbuktu I, S. 277; Jackson a. a. O., S. 11; Cochelet a. a. O., S. 148); v. Fritsch (Ztschr. f. d. ges. Ntw. 1882, S. 201) und Behm (Vdlgn. d. VII. deutschen Geographentages, S. 67) schreiben Buibaun. — [12]) Lenz' Itinerar, Karte; nach ihm Lannoy de Bissy, Habenicht und Andree und Scobel trotz Thomson. — [13]) Lemprière, Karte. — Cochelet a. a. O., S. 147—148. — [14]) Profil Nr. 5. — [15]) Karten. — [16]) Journal, S. 290. — [17]) Journal, S. 295. — [18]) Timbuktu I, S. 271. — [19]) Thomson, Karte. — [20]) Travels S. 303. — [21]) S. die oben gegebene Übersicht über die geognost. Verhältnisse. — [22]) Travels, S. 339 u. 343. — [23]) Schon Hooker (Journal, S. 262) hat vom Djebel Tisa (3350 m) aus bemerkt, dafs dieser Gipfel vom wasserscheidenden Kamm bedeutend nach Norden vorgeschoben ist und denselben um 600—900 m überragt; nicht ganz so grofs schätzt Thomson diesen Höhenunterschied. — [24]) Travels, S. 304. — [25]) Andree und Scobel stellen die Verhältnisse falsch dar, indem sie den Djebel Wischdan als Fortsetzung des westlichen Schieferkammes und die wirkliche Fortsetzung mit Djebel Erdus und Djebel Tisa als nördliche Parallelkette auffassen. — [26]) Thomson, Karte. — [27]) Travels, S. 331. — [28]) Travels, S. 323. — [29]) Die beiden äufseren: Tisi Nelit 2944 m, Tisi Nemiri 5019 m; Thomson, Proc. R. Geogr. Soc. London 1889. Karte. — [30]) Nach Hooker's Erkundigungen aus dem Munde eines jüdischen Handelsmannes, Ben Daud (Journal, S. 270), die mit den von de Foucauld eingezogenen (Recons., S. 337) übereinstimmen.

aufsteigend, nach einander das eine Stunde südlicher gelegene Tagadir Agadir el Bur[1]), das Leo Africanus[2]) schon als Eingangsthor in den Atlas östlich von Imsmis (Amsmis) erwähnt, den Ort Timesk (900 m)[3]) und endlich die Kasba (der befestigte Wohnsitz des Kaid oder Statthalters) von Gindafi (Tagentaft[4]) 1115 m)[5]), wo sich die Strafsen nach dem Ued Tifnet in Südost und zum oberen Lauf des Ued Sus in Südwest von einander trennen.

Östlich vom Tisi Nemiri (an der Quelle des Ued Amsmis) erhebt sich der eine der beiden bedeutendsten Gipfel, welche im Süden von Amsmis über den Kamm hervorragen: der Djebel Tisa oder Tisi, den Hooker zu 3350 m[5]) bestimmte, während Thomson den weiter westlich liegenden Djebel Erdus auf gleiche Höhe schätzte[6]). Der Name Djebel Tisi bedeutet nichts weiter als „Berg am Pafs"[7]) und bezeichnet die Erhebung, welche den wichtigsten der 3 erwähnten Pässe beherrscht, den schon von Erckmann[8]) erkundeten Tisi Nemiri („Pantherpafs"), der von Amsmis, dem bedeutendsten Orte am Nordfufs des Gebirges südlich der Hauptstadt[9]), hinüberführt nach Gindafi. Jene Bezeichnung eignet sich daher kaum zum geographischen Eigennamen, mufs aber vorläufig in Ermangelung einer besseren beibehalten werden. Etwa 15 km östlich vom Djebel Tisa[10]) endet der Hauptkamm rasch abfallend am Durchbruch des Ued Nfis, an welcher Stelle ihn Hooker, von dem genannten Gipfel ausblickend, auf 2200 m schätzte[11]). Der Durchbruch des Ued Nfis liegt noch vollständig im Gebiete des Schiefers und der Grauwacke. Thomson verfolgte die vielfach gewundene Schlucht, die abwechselnd weiter und enger wurde, je nachdem das erstere oder das letztere Gestein vorherrschte, und fand unzweifelhafte Spuren der Thätigkeit alter Gletscher in den geritzten Felsstücken der den Thalwänden aufgelagerten Schuttmassen, die als Seitenmoränen anzusprechen sind[12]). Nach Norden hin treten die alten Schichten in einem mächtigen Zuge mit steil abfallendem Nordende bei Amsmis (Hooker 1030 m[13], Lenz 1108 m[14]), Thomson 915 m[15]) an die Aufsenseite des Gebirges[16]); im Südosten jenes Ortes überschritt ihn Thomson im Tisi n Gerimt (2186 m)[17]).

Bedeutender als die östlichen Ausläufer des Schieferrückens sind diejenigen, welche sich westwärts bis in das Gebiet von Seksaua vorschieben[18]) und die ca 2000 m[19]) hohe, steile Süd- und Ostwand des grofsen Längsthales bilden, das hier Vorberge und Hauptgebirge scheidet[20]). Der Nordfufs der Vorberge ist auf Thomsons Karte um etwa 7′ zu nördlich gelegt. Die von ihm berührte Kasba Duerani (660 m)[21]) ist derselbe Ort, bei welchem Balansa[22]), von Imintanut kommend, in die Ebene von Marokko eintrat (Keira 740 m)[23]) und wo v. Fritsch[24]) (Kebera) den Austritt des gleichnamigen[25]) Flusses aus den Bergen feststellte. Die eigentliche Kasba Duerani (814 m)[26]), der gewöhnliche Sitz des Kaid, liegt nach Hooker, ebenso wie die Kasba Seksaua (879 m)[27]) unmittelbar am Nordfufs der Vorberge und einige km südlich von Keira[28]). Nun liegen aber jene beiden Orte nach Hookers und Lenz' genauen Richtungsangaben in Westsüdwest-Richtung von Kasba Mauda, welche, ebenso wie Amsmis, Thomson in genauer Übereinstimmung mit den Itinerarien der beiden anderen Forscher legt. Dadurch wird die von uns vorgeschlagene Änderung nötig. Sie bietet noch den Vorteil, dafs sie den Anschlufs von Balansas und Hookers Routen Imintanut—Mogador erleichtert.

Nach v. Fritsch[29]) tritt auch westlich des Amsmisthales in dem von Thomson auf 2400 m geschätzten, steil abstürzenden Djebel Tisgin[30]) das alte Schiefergestein an den Nord-

---

[1]) Journal, a. a. O. (Hooker's Annahme, dafs Agadir Tagadirt el Bur identisch ist mit Arund im oberen Ende des Gheghayathales, ist unhaltbar.) — [2]) Renou a. a. O., S. 193: Burris. — [3]) Thomson. Proc. 1889; Karte. — [4]) De Foucauld a. a. O.; vgl. auch L. de Bissys Tagantaft — [5]) Journal, S. 364. — [6]) Proc. 1889; Karte. — [7]) Vgl. Travels, S. 301. — [8]) A. a. O., S. 43. — [9]) Hooker, Journal, S. 246. — [10]) Journal, S. 264. — [11]) Journal, S. 457. — [12]) Travels, S. 318—319. — [13]) Journal, S. 249. — [14]) Karte in Proc. 1889. — [15]) Timbuktu I, S. 265. — [16]) Journal, S. 254. — [17]) Thomson, Karte in Proc. 1889. — [18]) Journal, S. 263 — [19]) Journal, S. 262—265. — [20]) Thomson, Travels, S. 473. — [21]) Travels, S. 472. — [22]) Karte in Proc. 1889. — [23]) B. S. G. P. 1866, Bd. XV, S. 524 — [24]) Ebd., Karte. — [25]) Mitt. d. V. f. E. Halle a. S. 1879, S. 31. — [26]) Davidson bei Renou a. a. O., S. 189. — [27]) Journal, S. 363. — [28]) Ebd. — [29]) Journal, S. 279. — [30]) Ztschr. f. d. ges. Ntw. 1881, S. 205. — [31]) Genannt nach dem an seinem Fufse liegenden Suk Tisgin (v. Fritsch, Mitt. &c. 1879, S. 31; Lenz, Timbuktu I, S. 267).

rand des Gebirges, während im Innern, in der Mulde zwischen den Aufsenhöhen östlich und westlich von Amsmis (ca 2300 m)[1]) und den kurzen Ausläufern des Hauptkammes (ca 3000 m) Thomson Kalk- und Sandsteinbänke in mächtiger Entwickelung (600—900 m in der Provinz Marussa)[2]) fand, deren fast horizontal gelagerte Schichten bis zu etwa 1500 m aufsteigen, wo dann in senkrechten Wänden die Schiefer des Kammes sich noch 1500 m hoch auftürmen[3]). Die Grenze zwischen dem älteren und dem jüngeren Gestein verläuft in fast gerader Linie von oberhalb Kasba Marussa nördlich des Ortes Erdus (1741 m)[4]) und erreicht ihr Ende etwa 2 km südlich des Ortes Imintella[5]) am Ued Amsmis (Hooker 1346 m[6]), Thomson 1327 m)[7]). Thomson weist diese Schichten, wie alle Kalk- und Sandsteine der unteren Atlasregion, der Kreideperiode[8]) zu, während ihre Höhe über dem Meeresspiegel und ihre wenig gestörte Lage sie als gleichalterig mit den Kalk- und Sandsteinbänken der oberen Vorbergszone östlich des Ued Nfis erscheinen lassen könnten, denen v. Fritsch[9]) ein höheres Alter zuweist. Sie würden dann ein vermittelndes Glied zwischen jenen östlichen Schichten und dem in den westlichen Vorbergen Mtugas bis fast zur gleichen Höhe reichenden und von Lenz[10]) als Triasgebilde angesprochenen Quarzsandstein sein.

Dem steilen Nordabfall der Aufsenberge westlich des Ued Nfis sind keine Vorberge vorgelagert; sie beginnen erst wenige Meilen östlich vom Ued Keira[11]). Dafür breitet sich auf dieser Erstreckung vom Fufse des Gebirges (900—1000 m) nach Norden abfallend eine im Mittel ca 13 km breite, nach Westen an Ausdehnung abnehmende Ebene aus, die mit bis tief hinab geschichtetem Gebirgsschutt aufgefüllt ist[12]), der, zumal im östlichen Teile, einer intensiveren Bewirtschaftung unterworfen ist[13]). In der Nähe des Gebirgsfufses erreicht die Ebene ca 1000m, senkt sich nach Norden (Kasba Msuda Hooker 721 m[14]), Thomson 637 m[15]), Dar Akinacht 600 m)[16]) um ca 400 m zu einem gebirgigen Rand, dem „Dela"[17]), welcher westlich von Keira an die Vorberge sich anzulehnen scheint und jene Ebene als eine obere Terrasse der westlichen Teiles der grofsen Ebene von Marokko (500 m m. Höhe) erscheinen läfst[18]). Den Dela durchbrechen die Gewässer des Gebirges, nachdem sie sich in der Ebene zu vier gröfseren Flüssen vereinigt haben, und zwar als Ued Nfis bei Agadir ben Selam[19]), als Ued Ratmii südlich von Fruga[20]), als Asif el Mel oder Melb („Flufs mit salzigem Wasser") unterhalb Dar Akinacht, als Ued Keira oberhalb des gleichnamigen Ortes. Bei Keira trat Balansa in die Ebene von Marokko ein, um „entlang der Basis des Atlas" über Fruga nach der Hauptstadt zu marschieren[21]). Balansa hält also die Gebirgsbildung erst mit dem Dela abgeschlossen, eine Auffassung, welcher Thomson auf seiner Karte auch Ausdruck verleiht und die in den geologischen Verhältnissen, soweit sie bis jetzt bekannt sind, anscheinend Bestätigung erhält. Lenz[22]) fand im Nfisdurchbruch bei Agadir ben Selam und Maw[23]) südlich von Fruga steil aufgerichtete, dem Hauptkamme parallel streichende Thonschiefer, so dafs also der Dela als ein nördlich vorgeschobener Teil des alten Schiefergebirges erscheint und, wie wir später sehen werden, die Fortsetzung einer Kette aus altpaläozoischen Schichten ist, welche einen charakteristischen Zug der Vorberge südlich der Hauptstadt ausmacht[24]) und wie der Dela dem Ued Nfis, so östlich davon dem Ued Gheghaya und dem Ued Urika beim Durchbrechen grofse Schwierigkeiten bereitet.

---

[1]) Nach Thomsons Karte in Proc.: Tisi n Gerimt 2186 m; Dech. Tlagin auf 2400 m geschätzt. — [2]) Travels, S. 322—523 Thomson schreibt Maressa, v. Fritsch (Mitt. &c. 1879, S. 31) Maruscha. — [3]) Ebd. [4]) Thomsons Karte in Proc.; Travels, S. 323. — [5]) Travels, S. 300. — [6]) Journal, S. 254. — [7]) Karte in Proc. R. Geogr. Soc. London 1889. — [8]) Travels, S. 322. — [9]) Ztschr. d. ges. Ntw. 1881, S. 205. — Vgl. Suess a. a. O., S. 295. — [10]) Ztschr. d. Ges. f. Erdk. Berlin 1881, S. 277. — [11]) v. Fritsch, Ztschr. f. d. ges. Ntw. 1881, S. 205. — [12]) Journal, S. 246; Timbuktu I, S. 265. — [13]) Timbuktu I, S. 266. — [14]) Journal, S. 365. — [15]) Karte in Proc. 1889, wo 1103 F. wohl nur Druckfehler für 2103 F. ist. — [16]) Timbuktu I, S. 268. — [17]) Mission milit. 1882. Bull. &c. d'Oran 1885, S. 172. „Dela" ist im südwestlichen Algerien die Bezeichnung für die abrasierten Vorstufen der Sandsteinmassive. Vgl. B. S. G. P. 1874, Bd. VII, S. 184. — [18]) Vgl Cremas Karte in Cosmos a. a. O. — [19]) Timbuktu I, S. 265. — [20]) Mission milit. 1882. Bull. &c. d'Oran 1885, S. 172. — [21]) B. S. G. P. 1868, Bd. XV, S. 326. — [22]) Timbuktu I, S. 265. — [23]) Geol. Profil in Journal. — [24]) Vgl. v. Fritsch, Ztschr. f. d. ges. Ntw. 1881, S. 202.

Die Vorberge des westlichen Teiles nehmen erst im Massiv von Duerani südlich von Keira ihren Anfang, stehen aber mit dem Hauptgebirge nur in losem Zusammenhang[1]. Eine grofse Längsfurche mit steil abfallenden Wänden trennt die älteren Schichten des Hauptgebirges von den jüngeren der Vorberge[2]). Nur an wenigen Stellen greifen die letzteren über in Gestalt niedriger Bodenschwellen[3]), welche das Längsthal in verschiedene Abflufsgebiete teilen; die bedeutendste (1441 m)[4]) scheidet die Gewässer des Ued Tensift und des Ued Sus. Die Vorberge bilden auch unter sich kein zusammenhängendes Ganze, sondern sind in einzelne Massive aufgelöst durch kurze Querthäler, in denen die Gewässer der Längsfurche das Gebirge verlassen. Das Gebiet am Nordfufs des Hohen Atlas westlich des Ued Nfis scheint bedeutenden Umwälzungen unterworfen gewesen zu sein, denen es seine heutige Gestalt verdankt. Wenn auch die gewöhnlichen Zeugen solcher Veränderungen, vulkanische Gebilde, fast kaum gefunden worden sind[5]), so legen doch das teilweise Fehlen der Vorberge, das man sich wohl durch Absinken derselben (etwa wie bei den südlichen Vorbergen der Alpen westlich vom Garda-See) erklären mufs, die gewaltsame Zusammenschiebung der Schichten des Dueranimassivs, welche eine dreifache Verminderung der Breitenausdehnung derselben verursacht hat[6]), sowie die steile Aufrichtung der kretazeischen Kalksteinplatten in dem 5 km langen Querthal oberhalb von Imintanut[7]) ein beredtes Zeugnis für obige Annahme ab.

Das erste Querthal vereinigt die Gewässer der beiden Flüsse, welche die Furche südlich des Duerani-Massivs und der Seksauaberge entwässern, von denen der westlichere, Ued Usbi[8]) oder Afansu[9]), der bedeutendere ist und, da an ihm nach Lenz ein allerdings beschwerlicher Weg aufwärts führt[10]), wahrscheinlich tiefer in das Gebirge eindringt. Das Massiv von Duerani wurde von Balansa[11]) in seinem westlichsten Gipfel, dem Djebel Ait u Gurt (südlich von Duerani 1400 m?) bestiegen, während Hooker die Höhe des Massivs von Seksaua auf etwa 1700 m angiebt[12]). Im westlichen Teil desselben (¹/₂ Stunde von Imintanut entfernt) hat Balansa[13]) den Djebel Orgis besucht, aber die für diesen angeführte Höhenzahl (1400 m) ist gerade so wie die übrigen auf seiner Karte eingetragenen von ihm selbst mit einem Fragezeichen versehen worden. Vom Seksaua-Massiv aus sah Hooker, dafs bis zur Küste westwärts keine Erhebung derjenigen gleichkam, auf welcher er stand, dafs also die Höhen von Haha und Mtuga niedriger waren als die von Seksaua. Ferner überblickte er die niedrige Wasserscheide zwischen Ued Usbi und Ued Imintanut, dessen Thal das Ende der Längsfurche am nördlichen Fufse des alten Gebirges bezeichnet; der westöstliche Oberlauf des Ued Msira liegt schon in den älteren Schichten[14]). Sein nördlich umbiegendes Querthal, welches im weiteren Verlaufe identisch ist mit dem nur von Hooker erwähnten des Ued Milhain[15]), begrenzt, im Verein mit dem von Thomson verfolgten Thal des von der Hauptwasserscheide südwärts strömenden Nebenflusses des Ued Sus, den steilen Ostabfall des grofsen westlichen Teiles der Atlasvorberge, des Berglandes von Mtuga und Haha[16]).

Wenn schon in anderen Teilen Marokkos ein eingehenderes Studium der älteren Quellen, unterstützt durch neuere Forschungen, manche Änderung der Darstellungen auf den neuesten Karten erfordert, so ist doch keine so tief eingreifend wie diejenige in der Auffassung gerade dieses Gebiets, veranlafst durch Thomsons Entdeckung, dafs die von Balansa und Hooker zuerst erkannte Scheidung der nördlichen Vorberge vom Hauptgebirge in gleich scharfer Weise sich südlich von Imintanut fortsetzt, und zwar in dem Längsthale eines Zuflusses des Ued Sus, ohne Zweifel desselben, den Rohlfs[17]) und de Foucauld[18]) als ersten

---

[1]) Journal, S. 280. — [2]) Travels, S. 472. — [3]) Journal, S. 269; Travels, S. 472. — [4]) Travels, S. 473. — [5]) Timbuktu I, S. 286. — Thomson, Geol. Karte in Travels. — [6]) Journal, S. 280. — [7]) Timbuktu I, S. 272; Travels, S. 472. — [8]) Journal, S. 281. — [9]) Timbuktu I, S. 369—270. — [10]) Timbuktu I, S. 271. — [11]) Bull. S. G. P. 1868, Bd. XV, S. 326. — [12]) Journal, S. 269. — [13]) Bull. S. G. Paris 1868, S. 323. — [14]) Travels, S. 472 u. geolog. Karte. — [15]) Bedeutender als Ued Imintanut. Journal, S. 297. — [16]) Travels, S. 474. — [17]) Pet. Mitt. 1865, S. 363. — [18]) Reconn., S. 191.

bedeutenden und einzigen stets Wasser führenden Fluſs auf dem Wege Agadir—Tarudant überschritten, des Ued Semnara[1]).

Lenz hatte schon vor Thomson den Atlas in dieser Gegend durchquert, und zwar, wie eine eingehende Vergleichung der Itinerarien vermuten läſst, bis Suk Ait Musa („Markt der A. M.", etwa 30° 43' n. Br.) auf fast gleichem Wege[2]); bei dem genannten Orte teilt sich die Straſse nach dem Sus in zwei Arme[3]). Beide Forscher muſsten eine schwer passierbare Hochfläche aus rotem Sandstein durchschreiten, welche infolge starker Erosion in eine groſse Anzahl von einzelnen Bergen und Bergzügen aufgelöst ist, deren mächtigsten Lenz kurz nach Eintritt in die Sandsteinregion zu überwinden hatte. Der Name, den der deutsche Forscher dem Massiv giebt, Djebel Tissa oder Tissi[4]), läſst darauf schlieſsen, daſs dasselbe in der Nähe des von Thomson zu 1441 m bestimmten Passes liegt[5]). Weiter südlich bemerkten beide Forscher auf einem isolierten Bergkegel die Ruinen einer alten Festung (Lenz Ksar er Rumi, Thomson Bordj Anserrani), deren Erbauung, wie die der meisten ähnlichen Ruinen, den Christen (Portugiesen?)[6]) oder Nazarenern[7]) zugeschrieben wird. Unterhalb Suk Ait Musa trennen sich die Routen der Forscher, indem Lenz die Hauptkette im Bibauanpaſs überschreitet, während Thomson dieselbe westlich umgeht. Leider fand ersterer auf seiner „fluchtähnlichen Reise"[8]) durch das Gebirge nicht Gelegenheit, sein Aneroid zu benutzen, so daſs er den Abstieg nach Süden nicht bemerkte. Auſserdem durchkreuzte er den Fluſs, welcher in der Längsfurche zwischen Vorbergen und Hauptgebirge seine Gewässer sammelt, erst kurz vor seinem Aufstieg zum Bibauan[9]), wodurch Lenz' irrige Auffassung erklärt wird, daſs die Hauptkette hier noch Hauptwasserscheide sei.

Von der wirklichen Hauptwasserscheide (1441 m), zwischen Ued Milhain und Ued Semnara, überblickte Thomson die westlichen Berge und stellte fest, daſs sie die Höhe seines Standortes meist nicht erreichten und einer Hochfläche ohne bemerkenswerte Erhebungen von 1200—1500 m angehörten, welche die Provinzen Mtuga und Haha in ihrem südlichen Teile ausfüllten[10]). Dadurch wurde die Entdeckung v. Fritsche[11]) vervollständigt, der für die untere Region der Provinz Mtuga schon 1872 den Charakter eines „in seiner Mitte eingesenkten Plateaus" erkannt hatte. Da aber der deutsche Gelehrte seinem Berichte eine Karte nicht beigegeben hat, auf welcher er seine Auffassung zum Ausdruck hätte bringen können, so blieb Hookers Annahme, daſs zwei nordwärts streichende Ausläufer der westlichen Atlaskette (des „Atlas Maritime" bei Reclus)[12]) das Gebiet von Haha und Mtuga einnähmen, wie sie auf Balls Karte niedergelegt ist, allgemein gültig[13]). Diese Auffassung hat, im Verein mit der durch Arletts Beobachtungen nahegelegten Annahme, daſs im Kap Gir der Hauptkamm des Hohen Atlas, im Ras Tafelneh und im Berge von Agadir ein nördlicher und ein südlicher Ausläufer desselben endeten, die Grundzüge für das Kartenbild Lannoy de Bissys und Habenichts gegeben. Nur hat Lannoy (und nach ihm Habenicht) zwei Fehler hinzugefügt, welche das Bild der Wirklichkeit noch unähnlicher machen. Durch eine weder aus dem Text noch der beigefügten Karte zu rechtfertigende Auffassung des höchst mangelhaften Itinerars Erckmanns[14]) veränderte er in gewaltsamer Weise den Lauf des Ued Kseb, der durch Balansa und Hooker festgelegt worden war. Alsdann lieſs er sich, wahrscheinlich durch die falsche Darstellung auf Duveyriers Kärtchen von Mardochées Route[15]), verleiten, den Djebel Ida u Tanan, dessen Lage in der Nähe des Meeres durch Arletts Bericht[16]) und schon durch Jacksons Karte bestimmt worden war, als Knotenpunkt aufzufassen, von welchem die oben erwähnten Ketten auslaufen.

---

[1]) de Foucauld, Itinéraires. B S. G. P. 1887. — [2]) Timbuktu II; Karte. — [3]) Travels, S. 476. — [4]) Timbuktu I, S. 272. — [5]) S. unsere Bemerkung über Djebel Tisa (S. 26). Reins Bemerkung (Vhdlgn. des VII. deutschen Geographentages, S. 87), daſs Lenz mit Djebel Tisi den Paſs von Bibauan bezeichnet hätte, findet in dem Berichte des letzteren Forschers keine Berechtigung. — [6]) Journal, S. 167. — [7]) Balansa a. a. O., S. 322. — [8]) Timbuktu I, S. 284. — [9]) Timbuktu II; Karte. — [10]) Travels, S. 474. — [11]) Mitt. &c. 1879, S. 32. — [12]) La Terre, S. 663. — [13]) Ebd. S. 666 u. Karte. — [14]) Le Maroc moderne, S. 45—48. — [15]) 1:1450000. B. S. G. P. 1875, Bd. X. — [16]) B. S. G. P. 1837, Bd. VII, S. 55; vgl. sheet II von West coast of Africa, surveyed by Lieutenant Arlett. R. N. 1835.

Das Gebirge von Mtuga und Haha[1]) ist ein Schichttungstafelland, welches nach Nordwesten in mehreren Terrassen[2]), nach Osten und Süden aber steil zu dem Ued Milhain, dem Ued Ait Musa und der Ebene des unteren Ued Sus abfällt. Besonders charakteristisch für den Südabfall ist die mangelhafte Entwickelung der kleinen Flußadern, welche hier dem Ued Sus zulaufen und die de Foucauld an ihrer Mündung überschritt, während Thomson, dessen Route dem Gebirge näher lag, ihre Oberläufe weder eingezeichnet noch im Texte erwähnt hat. Von Milhain (1035 m)[3]) aus wagte Hooker es nicht, mit seinen Lasttieren den steilen Abhang westlich jenes Ortes zu erklimmen[4]), sondern machte einen Umweg über das in fast rein nördlicher Richtung gelegene Ain („Quelle") Tarsil, um von dort durch das von dem gleichnamigen Flusse in den Kalkstein tief eingeschnittene Thal über die Wasserscheide (1100 m)[5]) nach der Kasba Mtuga (Bal.[6]) 910 m, H. 940 m)[7]) zu gelangen. Für den südlichen Verlauf des Ostrandes zeigen die von Thomson im oberen Thale des Ued Semnara gemessenen Höhen[8]), wie schroff der Abfall ist. Über die Höhe des Südrandes giebt uns das oben erwähnte Profil de Foucaulds[9]) Aufschluß. Danach erreicht derselbe eine bedeutendere Höhe als der Bibaouanpaß, um 20 km nordnordöstlich von Agadir in einem Gipfel des Djebel Ida u Tanan, den Arlett[10]) in gleicher Entfernung vom Meere auf 1150 m berechnet, plötzlich steil abzufallen und in den Bergen der Landschaft Imseggin oder Mesgina (von Erckmann[11]) auf 300—400 m geschätzt) bei Agadir (188 m)[12]) zu enden. Die letztgenannte Landschaft liegt bei de Foucauld und Thomson östlich von Agadir, reicht aber in Wirklichkeit nördlich dieser Stadt bis zum Ued Tamarakt. Diese Darstellung findet sich bei Gatell[13]) und wird bestätigt durch Mardochée[14]). Beide Reisende führen als auf dem rechten Ufer jenes Flusses gelegen den Ort Dar Tamesgida (Tamesgina?) oder Tamesgin's l'Alál an, in welchem Namen derjenige der Landschaft leicht wieder zu erkennen ist. Nach Osten dehnt sich Imseggin bis zum Ued Semnara aus[15]). Durch diese Berichtigung erhält auch das Gebiet der Ida u Tanan eine mehr nördliche Lage als bei Thomson, die aber den übereinstimmenden Angaben Jacksons[16]) und Arletts besser entspricht. Ersterer, welcher den Wohnsitz jenes Stammes in ziemlich gleichem Lagenverhältnis zur Küste angiebt wie Arlett, schildert das Gebiet als äußerst fruchtbar an Trauben und Mandeln, aber auch als von hohen, unzugänglichen Bergen erfüllt, die zweifellos identisch sind mit dem Djebel Ida u Tanan Arletts, der auch von Mardochée[17]) im Nordosten von Agadir erwähnt wird Die Westseite des Tafellandes ist stark gegliedert infolge der durch die Nähe des Meeres bedingten Erosion. Zahlreiche kleinere und zwei größere Flüsse haben dazu beigetragen, den Westrand des Tafellandes zurückzudrängen. Nördlich des bei Agadir endenden Ausläufers greift das Thal des Ued Tamarakt tief in das Gebirge ein, während die Nordumwallung desselben weit nach Westen vorspringt und im Kap Gir oder Igir Ufrani, dem westlichsten Punkt des ganzen Atlas, mit 370 m[18]) Höhe steil zum Meere abstürzt. Wie der südliche Ausläufer, erreicht auch dieser erst in einiger Entfernung vom Meere eine bedeutendere Höhe (1340 m)[19]), und zwar in einem Punkte, dessen Lage im Profil de Foucaulds genau der von Arlett angegebenen entspricht (30 km nördlich von Agadir). Dieser Arm des Tafellandes wurde bisher als Ausläufer der Hauptkette des Hohen Atlas betrachtet, aber schon de Foucauld, der ihn unweit der Küste in 520 m[20]) Höhe überschritt, deutete auf seinen beiden Karten die Hochflächengestalt an.

Am Nordfuße des im Kap Gir endenden Ausläufers entlang zieht sich das tiefe und fruchtbare[21]) Thal des größten der Küstenflüsse, des Ued Ait Amer, des einzigen, welcher

---

[1]) Die Provinz Haha reicht bis Agadir. Reconn., S. 185. — [2]) Journal, S. 308. — [3]) Journal, S. 345. — [4]) Journal, S. 299. — [5]) Journal, S. 302: 1092 m; Balansa a. a. O., S. 321: 1100 m. — [6]) A. a. O., S. 320. — [7]) Journal, S. 306. — [8]) Karte in Proc. 1889. — [9]) Nr. 4. — [10]) West coast of Africa; sheet II. Journ Roy. geogr. Soc. London 1886. — [11]) Le Maroc moderne, S. 50. — [12]) Arlett a. a. O. — [13]) Le Sous B. S. G. P. 1871, Bd. I. Karte in 1:1700000. — [14]) B. S. G. P. 1875, Bd. X; Karte. — [15]) Thomson Karte. — [16]) A. a. O., S. 16. — [17]) B. S. G. P. 1875, Bd. X, S. 564. — [18]) Arlett a. a. O. — [19]) Arlett a. a. O. — [20]) Reconn., Kartenblatt Nr. 12; s. auch Reconn., S. 185. — [21]) Cocheiet a. a. O., S. 159.

das ganze Jahr hindurch Wasser führt¹). Seiner Bedeutung entsprechend, darf man für sein Flußgebiet wohl ein tieferes Zurückweichen des Tafellandrandes annehmen, zumal da Arlett in diesem Teile keine höheren Gipfel vom Meere aus gesehen zu haben scheint. Thomsons Annahme²), daß zwischen dem oberen Ued Ait Amer und der Küste ein Gebiet von ca. 1000 m Höhe liege, scheint sich auf Lannoys durch Erckmanns Route veranlaßte Auffassung zu stützen. de Foucauld, welcher jene Gegend durchquerte, konstatierte nur Höhen von 245 m und 420 m³).

Über die Höhenverhältnisse der inneren, höheren Stufen ist uns so viel wie nichts bekannt. Zwar ist das Tafelland auf dieser Erstreckung zweimal (auf demselben Wege, wie es scheint) überschritten worden: zuerst von Erckmann, der mit dem Heere des Sultans 1882 nach der Provinz Sus zog. Leider sind Text und Karte zu mager, zu wenig klar und genau in ihren Angaben. Über die Resultate des anderen Forschers, Soller, sind bisher bloß wenige Mitteilungen veröffentlicht⁴), die sich fast nur auf die Aufzählung der von ihm berührten Orte beschränken. Das beigefügte Übersichtskärtchen ist nichts als eine Kopie der entsprechenden Teile von Lannoys Karte. Aus Erckmanns Erzählung⁵) geht hervor, daß er von Makala (im Südosten von Mogador) über Bu Riki (am Ued Kseb) durch das 5 km lange Defilee Mina Takandut (wahrscheinlich das trockne Bett eines linken Nebenflusses des Ued Kseb⁶), nicht, wie Lannoy annimmt, dieses Flusses selbst) nach Dar Uld Emflus gelangte. Von hier führte ein sehr gefährlicher Weg an schwer passierbaren Felswänden entlang nach Ida u Gallul (Mardochées Ida u Gillun)⁷), von wo aus Erckmann die Küste erreichte, die letzten 6 km in dem 4—5 m breiten Wasserriß von Temensift, dem trocknen Bett des von de Foucauld⁸) überschrittenen Ida u Tghomma⁹), zurücklegend. Anfang und Ende dieser Route sind mehrfach festgelegt worden, die übrigen Orte sind neu. Ida u Gallul legen wir mit Lannoy in die Nähe der mutmaßlichen Quelle des Flusses gleichen Namens; indessen ist es nicht ausgeschlossen, daß jener Ort mit der von Thomson besuchten Kasba am gleichnamigen Flusse identisch ist. Die schwierige Passage zwischen Dar Uld Emflus und Ida u Gallul, d. h. zwischen dem inneren Becken des Ued Kseb und dem Küstengebiet ist ohne Zweifel in der Wasserscheide zwischen beiden zu suchen, welche sich hier, den mangelhaft entwickelten Flußverhältnissen entsprechend, nach Westen vorschiebt und unweit der Küste in zwei Punkten, nach Arletts¹⁰) vom Meere aus angestellten Messungen, 882 m und 690 m erreicht. Allerdings liegt die nördlichere dieser Höhen nicht so nahe der Küste, wie Arlett und nach ihm Renou und Lannoy annehmen, sondern, wie Balansa¹¹) es schon andeutet und de Foucauld und Thomson es bestätigen, mehr landeinwärts, da zwischen dem Ued Tidzi und dem unteren Ued Kseb die Ebene Ida u Gert (wonach auch der letztgenannte Fluß zuweilen Ued Gert oder Ghored¹²) genannt wird) mit 60—100 m¹³) die Abdachung zu dem Dünenbande bildet, welches zwischen Mogador und Kap Sim die Küste von der unteren Tafellandstufe trennt¹⁴). Zwischen diesem Kap und dem Kap Igir Ufrani treten die Terrassen mit steilem Abfall an das Meer¹⁵), im südlichen Teile noch bis 300 m¹⁶), weiter nördlich nur im Ras Tafelneh (238 m)¹⁷) über 200 m steigend. Die Auffassung, daß dieses Kap der Endpunkt einer vom westlichen Atlas ausgestrahlten Kette sei, ist neuerdings wieder mit besonderem Nachdruck von Jannasch¹⁸) ausgesprochen worden. Derselbe überschritt, nach der beigegebenen Itinerarkarte in 1 : 500 000 zu urteilen, auf gleicher Höhe

---

¹) de Foucauld, Reconn., S. 186. — ²) Routenkarte in Travels. — ³) Reconn., Kartenblatt Nr. 12. — ⁴) Compte rendu de la Soc. G. P. 1887, S. 445—448. — ⁵) A. a. O., S. 45—48. — ⁶) Vgl. Erckmanns Karte. — ⁷) Karte, a. a. O. — ⁸) Kartenblatt Nr. 12. — ⁹) Mardochée a. a. O.: Ida u Tagumma. — ¹⁰) A. a. O. — ¹¹) Karte, a. a. O. — ¹²) Arlett, B. S. G. P. 1837, Bd. VII, S. 33. — Besamier, B. S. G. P. 1876, Bd. XI; Karte. Der Fluß wird auch Ued Diabat genannt nach einem daran liegenden Orte. Travels, S. 92. — ¹³) de Foucauld, Kartenblatt Nr. 13. — ¹⁴) Arlett, B. S. G. P. 1837, Bd. VII, S. 33. — Thomson, Travels, S. 80. — ¹⁵) Arlett a. a. O., S. 34. — ¹⁶) de Foucauld, Kartenblatt Nr. 12. — ¹⁷) Arlett a. a. O. — ¹⁸) A. a. O., S. 266.

mit Ras Tafelneh „in zwei Stunden Entfernung vom Meere" einen von ihm auf 1000 m
geschätzten Gebirgszug, dessen östliche Fortsetzung er in einer schneebedeckten Kette, „der
nördlichen der drei Hauptketten des westlichen Atlas", sah. Was Jannasch, von Süden kommend,
für den Hang einer Kette hielt, war in Wirklichkeit der steile Westabfall des Tafellandes,
dessen Überwindung weiter südlich Erckmann so grofse Schwierigkeiten bereitet hatte. Die
vom deutschen Forscher (zwei Stunden vom Meere entfernt) überschrittene Höhe selbst
läfst sich leicht mit der von Arlett auf 882 m bestimmten, „in geringer Entfernung von
der Küste" bei Kap Tafelneh liegenden identifizieren, während der Einschnitt, welcher sie
von der östlichen „Kette" trennt[1]), jener Sattel (390 m)[2]) ist, über den Mardochée[3]) und
de Foucauld[3]) vom Asif Ait bu Sul zum Ued Imaghiren oder Ued el Milh („Flufs mit salzigem
Wasser") gelangten. Leider fehlt in Jannaschs Text und Karte jede Angabe über die gerade
für diese Gegend zur Orientierung so nötigen Flufslinien; anderseits hat Jannasch Orte berührt,
die von den übrigen Forschern nicht erwähnt werden: zwei Umstände, welche die Eintragung
des Itinerars sehr erschweren. Dasselbe gilt für 3 andere Routen, die trotz ihrer vielen Orts-
namen wegen gänzlichen Mangels an Angaben der Entfernungen und Richtungen für die
Konstruktion einer Karte kaum verwendbar sind. Was an einigermafsen festen Daten durch
eine vergleichende Kritik zu gewinnen war, haben wir auf unserer Karte verwertet. Hier
begnügen wir uns mit der Aufzählung der von den Reisenden berührten Orte:

1. Panets Itinerar[4]): Lamsal (südlich des unteren Ued Sus), Aghrud, Timassinin,
Tala n Tefa, Agadir Amussun, Ida Guargar, Askhar, Iftas oder Ifirkhas, Sidi Bu Sekri
(vgl. de Foucauld), Bu Schirba, Bu Tasart, Diabat, Mogador.

2. Bu el Moghdad's Itinerar[5]): Agadir, Igheruld (Panets Aghrud), Tim - Gharen,
Sidi Bu Sekri, Mogador.

3. Mardochées Itinerar[6]): Mogador, Diabat, Bu Tasart (vgl. Panet), Bir Ida u Tagumma, Agadir Imussa (Panets Agadir Amussun), Agerodd (vgl. P. u. B. el M.), Tames-
gia'a l'Alâl, Agadir.

4. Jannaschs Itinerar[7]): Agadir, Dar el Kadi Ait Tsemerts, Sauia Sidi Buakri (de Foucaulds Bu Sekri), Mogador.

Der gröfste Teil des Tafellandes von Mtuga und Haha wird durch die Mulde einge-
nommen, in deren tiefster Furche die spärlichen Gewässer sich zum Ued Kseb sammeln.
In dem Laufe dieses Flusses gelangen Richtung des Gesamtabfalles und Abgrenzung der hauptsächlichen Stufen des Tafellandes zum deutlichen Ausdruck. Am Nordrande der obersten Terrasse, welcher Thomson[8]) eine Höhe von 1100—1400 m zuweist, entspringend, vereinigen sich
der von Süden kommende Hauptflufs[9]) und der von Osten kommende Zuflufs[10]), um unterhalb der Kasba Mtuga (Balansa[11]) 910 m, Hooker[12]) 940 m) die zweite Terrasse in einem
12 m tiefen, engen und steilwandigen Graben zu durchbrechen[13]). Am Ausgange dieser
Flufsenge erweitert sich das Thal bedeutend, im Süden von Bergen umsäumt, welchen
Balansa[14]) im allgemeinen dieselbe Höhe giebt, die er für die Kasba von Haha genommen
hat (740 m)[15]). In der Nähe dieses Ortes müssen die beiden von Erckmann[16]) erwähnten
Defilees enden, deren westliches er selbst verfolgt hat. Weiter unterhalb treten die Höhen
noch einmal zusammen und bilden das enge Thor, durch welches der Ued Kseb aus den
Bergen tritt, um in versandetem und mit Sträuchern bewachsenem Bett seinen Weg müh-
sam zur Küste zu nehmen, die er ca 2 km südlich von Mogador erreicht. Der Südpfeiler
jenes Thores ist die von Arlett auf 690 m bestimmte Höhe, zu dem Gebirge Muley Hassan
gehörig[17]), der nördliche der Djebel Tamasart[18]) (Beaumier[19]) 386 m).

---

[1]) S. Jannaschs Karte. — [2]) Reconn., S. 187, Kartenblatt Nr. 13. — [3]) A. a. O. — [4]) Carte du voy. de Panet
par Panet et Renou. 1 : 5 000 000. Paris 1851. — [5]) Nouv. Annales des voyages 1861, Bd. II, S. 268. —
[6]) B. S. G. P. 1875, Bd. X, S. 562—564. — [7]) Die deutsche Handelsexpedition 1886, S. 263—267. —
[8]) Travels, S. 474. — [9]) Balansa, a. a. O., S. 320. — [10]) Journal, S. 302. — [11]) A. a. O., S. 320. —
[12]) Journal, S. 306. — [13]) Journal, S. 306. — [14]) A. a. O., S. 320. — [15]) Karte. — [16]) A. a. O., S. 47. —
[17]) Travels, S. 93. — [18]) Balansa, Karte: Djebel Tamersao. — [19]) B. S. G. P. 1868, Bd. XVI; Karte.

Die Westumwallung der Ksebmulde ist fast unbekannt. Außer dem mangelhaft bestimmten Itinerar Erckmanns, dessen Übergang über die Wasserscheide zwischen Ued Kseb und Ocean, wie nach den Schätzungen Balansas für die unteren Berge unmittelbar südlich des mittleren Ued Kseb (700—800 m) angenommen werden kann, in mindestens 1000 m Höhe stattfand, besitzen wir nur noch die Bemerkung v. Fritschs[1]), daß der höchste Gipfel des Westrandes der Mulde, der Lella Tasgitet, von ihm bestiegen worden ist, aber keine Angabe über Lage und Höhe desselben. Die Berge nördlich des Ued Kseb sind durch Hookers Durchquerung[2]) besser bekannt geworden. Vom Ende der oberen Flußenge des Ued Kseb stieg er auf nordwestlich abfallenden Hängen ca. 450 m herab, um über Asaghar (780 m)[3]) und durch ein schwierig zu passierendes Defilee auf die vorletzte Terrasse nach Makala (H. 476 m[4]), Th. 500 m[5]) zu gelangen. Ball hat infolge falscher Auslegung von Beaumiers Karte[6]) Asaghar, entgegen dem Berichte Hookers, auf die Südseite des Ued Kseb gelegt, wodurch das Itinerar dieses Forschers eine bedeutende Verschiebung erlitten hat. Überhaupt hat Balls unrichtige Darstellung des letzten Teiles der Hookerschen Route von Imintanut bis Mogador, im Verein mit derjenigen, welche R. Kiepert von Lenz' Itinerar in Seksaua und Imintanut giebt, viel dazu beigetragen, die Situation in diesem der Küste so nahe liegenden und verhältnismäßig oft durchquerten Gebiete zu verwirren. Wir haben auf unserer Karte den Versuch einer quellenmäßigen Rekonstruktion gemacht und wollen in Folgendem kurz ausführen, auf welche Angaben unsere Darstellung sich gründet. Kiepert legt im Widerspruch mit dem klaren Wortlaut des Lenz'schen Berichtes[7]) (und mit den Forschungsresultaten Balansas und Hookers) Imintanut, welches nebenbei, wie schon Balansa[8]) feststellte, eine Landschaft mit 4—5 Dörfern und nicht ein einzelner Ort ist, südöstlich von Seksaua an denselben Fluß mit der Kasba dieser Landschaft. L. de Bissy und Habenicht verhalten sich verschieden gegen Kieperts Darstellung. Während ersterer Imintanut nach Balansa und Hooker westlich von Seksaua legt und Lenz' Route in ihrer falschen Gestalt andeutet, beschränkt sich Habenicht darauf, die letztere einzutragen. Die Thomsonsche Karte bringt erst wieder einige Klarheit in die Verhältnisse, doch muß, wie wir oben[9]) schon ausgeführt haben, eine Verschiebung um 7' nach Süden eintreten. Mit der so gefundenen Lage von Imintanut läßt sich die Lage von Ain Tarsil und Kasba Mtuga, wie sie Balansa auf seiner Karte in Übereinstimmung mit dem hier gerade an geographischen Daten etwas dürftigen Bericht Hookers[10]) giebt, recht gut vereinbaren; der Ort Milbain[11]) liegt nach Hooker 2 Stunden von Imintanut und 4 Stunden (Weg durch Hügelland) in fast rein südlicher Richtung von Ain Tarsil. Auch für den Lauf des Ued Kseb scheint uns die Zeichnung Balansas durchaus vertrauenswürdig zu sein, zumal da sie bis auf kleine Abweichungen durch das uns leider nur aus Thomsons Karte[12]) bekannte Itinerar Boulnois' (1887) bestätigt wird. Von Kasba Mtuga gelangte Hooker[13]) in nordwestlicher Richtung nach Asaghar und überschritt unweit westlich davon einen tiefen, zum Ued Kseb führenden Wasserriß, denselben, der bei Beaumier erwähnt und von Ball fälschlich für den oberen Ued Kseb gehalten worden ist. Jenseits dieses Flußthales erblickte Hooker auf seinem Wege nach Makala in genau südlicher Richtung und ca 16 km Entfernung die Kasba des Kaid von Haha (Ambasch genannt bei Boulnois). Die durch Hookers Angaben gefundene Lage von Makala stimmt mit der diesem Orte auf Thomsons Karte gegebenen überein. Der kleine, von Makala kommende rechte Nebenfluß des Ued Kseb ist auf Beaumiers Karte verzeichnet, wo er den Djebel Tamasart im Norden umgrenzt, und von Thomson[14]) thalaufwärts verfolgt worden. Ein dreistündiger Ritt brachte Hooker[15]) von Makala zur Kasba des Kaid von

---

[1]) Mitt. &c. 1879, S. 52. — [2]) Journal, S. 307—310. — [3]) Beaumier, B. S. G. P. 1868, Bd. XVI Karte. — [4]) Journal, S. 365. — [5]) Karte in Proc. 1889. — [6]) A. a. O. — [7]) Timbuktu I, S. 271. — [8]) A. a. O., S. 325. — [9]) S. 29. — [10]) Journal, S. 297—306. — [11]) Vgl. die unmögliche Lage dieses Ortes auf der Routenkarte in Travels. — [12]) Proc. 1889. — [13]) Journal, S. 307—310. — [14]) Travels, S. 93. — [15]) Journal, S. 311.

Schedma (Ali Hanschen [1]), el Anschen [2]); 375 m [3]), 442 m [4]), 366 m [1]), 485 m [5]), durch welche Angabe die südliche Route in befriedigender Weise an die von Beaumier, Hooker und v. Fritsch mit geringen Abweichungen festgelegte nördliche Straße Mogador-Marrakesch angeschlossen wird. Beide vereinigen sich nordwestlich der Kasba Ali Hanschen an der Sauia („Heiligtum") Sidi Abdallah ben Wasmin [6]), welche Crema [7]) auf dem Wege Suk Tleta Hanschen-Imiegarn links liegen ließ. Dort schneiden sich auch die Routen Erckmanns [8]) („Uaschmi Regregi") und der französischen Gesandtschaft. Die letztere berührte, von Osten kommend, vor der Kasba eine Zisterne beim „Orte" El Krimat, während Erckmann in Südwestrichtung von der Sauia die Djema El Kurimat antraf und Thomson [9]) erst auf dem Wege von der Kasba nach Suk el Tleta („Dienstagsmarkt") (360 m [10]), 292 m [11]) die Landschaft El Kurumut erwähnt. Es geht daraus hervor, daß El Kurimat der Name einer Landschaft ist, die in nach Nordwesten geöffnetem Bogen um die Kasba Ali Hanschen herumzieht; in ihrem westlichen Teile (Mskala-Suk el Tleta) beginnt die Region des Arganbaumes [12]), der unter dem Einfluß des durch die benachbarte Gebirgsmasse abgelenkten Passates [13]) bis 70 km [14]) von der Küste entfernt gedeiht.

Die vorletzte Stufe des Tafellandes (400—500 m Mskala-Ali Hanschen) breitet sich nach Norden zu weit aus, wahrscheinlich bis zum Ued Tensift, endet aber, geradeso wie die oberen Terrassen oberhalb Milhain und Ain Tarsil, im Osten mit steilem Abfall, einen westlichen Grenzwall für die Ebene von Marokko bildend, dessen Höhe von Süden nach Norden rasch abnimmt [15]). Etwa 20 km nördlich von dem Punkte, wo Balansa und Hooker die Wasserscheide in 1100 m Höhe überschritten, bestimmte Crema [16]) die Erhebung auf nur 600 m, während die Bodenschwelle westlich von Ain Umest (350 m) [17]) sich noch um 150 m über die marokkanische Ebene steil erhebt (Nairet 494 m) [18]). Geologisch reicht das Gebiet des Tafellandes bis nach Sidi Moktar, wo die für jenes charakteristischen, horizontal geschichteten Kalksteinplatten durch die Kalktuffdecke der großen Ebene ersetzt werden [19]). Sein nördliches Ende scheint der steile Ostabfall der Terrassen an der Mündung des bei Ain Umest entspringenden Nebenflusses des Ued Tensift zu finden [20]). Eigentümlich ist die Abtrennung eines östlichen Armes des Tafellandes, des Serf er Rokma [21]) (600 m) [22]), durch die wüste Ebene der Uled ben Sba, welcher Stamm sich bis an die sich südlich anschließenden Berge von Mtuga ausdehnt, wie durch die französische Mission (1882) festgestellt worden ist [23]) im Gegensatz zu Hookers Meinung [24]), daß Sidi Moktar der Grenzpunkt für die Provinzen Schedma, Mtuga und Uled ben Sba sei.

Die unterste Terrasse des Tafellandes tritt bis auf wenige Kilometer an das Meer, auf ihrem Westabhang von den Sanddünen bedeckt [25]), welche die Küste von der Mündung des Ued Tensift bis zum Kap Sim säumen und Mogador durch einen breiten Ring vom Innern abschließen. Erst jenseits dieser Sandregion tritt festes Gestein hervor und bezeichnet, in nördlicher Richtung unweit der Küste bis zum Ued Tensift verlaufend, das westliche Ende des Tafellandes [26]). Die sonst fast horizontalen Schichten [27]) haben im nördlichen Teile bedeutende Veränderungen erlitten, indem sie dort zu einem Höhenzuge steil aufgerichtet sind [28]), dem Djebel Hadid, der, etwa 25 km von Mogador beginnend, in nordöstlicher Richtung bis zum Ued Tensift eine Länge von 50 km erlangt [29]) und durch eine

---

[1]) v. Fritsch, Mitt. &c. Halle 1878, S. 45. — [2]) Bull. &c. d'Oran, a. a. O., S. 174. — [3]) Beaumier, B. S. G. P. 1866, Bd. XVI; Karte. — [4]) Journal, S. 365. — [5]) Thomson, Karte. — [6]) Bull. d'Oran a. a. O., S. 174. — [7]) Karte in Coras Cosmos a. a. O. — [8]) A. a. O., S. 45. — [9]) Travels, S. 97. — [10]) Journal, S. 106. — [11]) Crema, Karte in Coras Cosmos a. a. O. — [12]) Bull. d'Oran a. a. O.; Travels, S. 97. — [13]) Mitt. &c. Halle 1878, S. 27. — [14]) Balansa, Karte; Journal, S. 96. — [15]) Journal, S. 302. — [16]) Cosmos 1884/85, Bd. VIII, S. 227 u. Karte. — [17]) Journal, S. 107: 345 m. — Mitt. &c. Halle 1878, S. 46: 356. — [18]) Mitt. &c. Halle 1878, S. 46. — [19]) Badía a. a. O., S. 252. — Mitt. &c. Halle 1878, S. 47. — [20]) Beaumier, Karte in B. S. G. P. 1876. — [21]) Crema a. a. O., Karte. — Bull. d'Oran 1885, S. 173. — [22]) Crema, Karte. — [23]) Bull. d'Oran 1885, S. 174: fälschlich „Msuga" statt „Mtuga". — Crema, Karte. — [24]) Journal, S. 110. — [25]) v. Fritsch, Mitt. &c. Halle 1878, S. 40. — Thomson, Travels, S. 80. — [26]) Karte in Proceed. 1889. — [27]) Travels, S. 97. — [28]) Mitt. &c. Halle 1878, S. 43. — Travels, S. 100. — [29]) Journal, S. 313.

tiefe Furche von der oberen Stufe getrennt ist. Nur an einer Stelle nähert sich der Rand der letzteren dem Ostfuße des Gebirges, um die Gewässer jener Depression zu scheiden: der nach Norden fließende Ued Ifiri[1]) geht zum Ued Tensift, während der südwärts laufende Fluß die Küste nicht zu erreichen scheint[2]).

Der Djebel Hadid („Eisengebirge"), dessen Benennung durch die Anwesenheit von Eisenstein, Schlacken und Reste alter Stollen aus vielleicht karthagischer oder römischer Zeit ihre Erklärung findet[3]), wurde von Ball[4]) noch als Ende desjenigen Gebirgszuges betrachtet, der in der Gegend des Bibaoanpasses vom westlichen Teile des Hohen Atlas sich abzweigen sollte. Thomson hatte zum erstenmale Gelegenheit, den Höhenzug fast in seiner ganzen Ausdehnung zu umgehen; ihm gelang es auch, in das Innere desselben einzudringen und dort unzweifelhafte Beweise für die vulkanische Entstehungsart des Gebirges zu finden[5]). Der schmale, platte Kamm erreicht eine mittlere Höhe von 600 m[6]), wird aber von einer Anzahl Kuppen überragt, von denen die das Südende bildende, mit dem Grabmal des Sidi Jakub gekrönte (Beaumier 630 m[7]), v. Fritsch 644 m[8]), Th. 749 m[9]) eine der bedeutendsten zu sein scheint[10]). Im Nordosten von dieser bemerkte v. Fritsch[11]) noch einen höheren Berg, anscheinend den höchsten des ganzen Zuges: den Sidi Uasmin, den auch Jannasch[12]) (Wasmân, auf 700 m gesch.) unter 31° 50′ n. Br. und 9° 40′ w. Gr. sich gegenüber sah und der durch diese Ortsbestimmung als mit dem durch eine tiefe Depression fast gänzlich vom übrigen Gebirge abgetrennten Nordende des Djebel Hadid identisch gekennzeichnet wird. Schon Arlett[13]) konnte vom Meere aus zwei Höhenzüge unterscheiden, deren Gipfel er, in Übereinstimmung mit den späteren Forschern, auf 716 m und 640 m berechnete. Thomson[14]) nennt die nördliche Höhe nach der Kubba („Grabstätte eines Heiligen") Sidi „Lalkurat", welcher Ort bei Beaumier[15]) als Sauia Sidi Aly Kuraty aufgeführt ist. In jener Depression, dem Thale des bisweilen austrocknenden Ued Msuid[16]), fand der genannte englische Forscher eine weitere Bestätigung für seine Annahme vulkanischer Thätigkeit in der Anwesenheit warmer Quellen, aus denen die Bewohner der Umgegend ihren Salzbedarf decken[17]). Ebensolche Quellen traf Hooker[18]) bei Ain el Hadjar (Beaumier[19]) 84 m, Hooker[20]) 153 m) an der Südwestecke des Gebirges in größerer Anzahl an. Dem Westfuß des Djebel Hadid ist die 16 km breite, reich bewässerte und gut bebaute Ebene von Akermut[21]) (ca. 150 m)[22]) vorgelagert: eine Mulde, die durch einen niedrigen, mit Arganbäumen besetzten Rand im Süden und Westen umgrenzt ist[23]).

Was die geognostische Zusammensetzung betrifft, so hält Thomson[24]) die Schichten des Djebel Hadid für kretazeisch, während v. Fritsch[25]) die den Kamm und Südabhang bildenden Kalk- und Dolomitfelsen im allgemeinen der unteren Kreide, gewisse Gebilde aber dem Jura zuweist. Über den Aufbau der übrigen Stufen des Tafellandes ist noch wenig Thatsächliches bekannt. Im Innern konstatierte Hooker[26]) in der Gegend von Asaghar eine Wandlung in der mineralischen Zusammensetzung des Gesteins, welche sich auch in der Vegetation deutlich bemerkbar macht. Die roten Quarzsandsteine des östlichen, wahrscheinlich höchsten Teiles ist Lenz[27]) geneigt noch für Trias anzusehen, Thomson dagegen betrachtet das ganze Tafelland als aus Kreideschichten aufgebaut. Dieselben treten

---

[1]) Auf Beaumiers Karte wird eine Ebene „Ifiri" erwähnt. (B. S. G. P. 1876.) — [2]) Travels, S. 107 u. Karte. — [3]) Beaumier, B. S. G. P. 1868, Bd. XVI, S. 337. — [4]) Journal, S. 317—318. — [5]) Karte zu Journal. — [6]) Travels, S. 106. — [7]) Journal, S. 321. — [8]) Travels, S. 100. — [9]) Karte in B. S. G. P. 1876. — [8]) Mitt. &c. Halle 1876, S. 43. — [9]) Travels, S. 103. — [10]) Von den auf Beaumiers Karte in B. S. G. P. 1868, Bd. XV, angegebenen Höhen konnten zwei nicht identifiziert werden. — [11]) Mitt. &c. Halle 1876, S. 43. — [12]) A. a. O., S. 15; Skizze. — [13]) B. S. G. P. 1836, Bd. VII, S. 29. — [14]) Travels, S. 106. Die Karten in d. Proc. u. in d. Trav. weichen in der Darstellung der Gegend um die Tensiftmündung von einander ab; wir folgen der ersteren. — [15]) B. S. G. P. 1868, Bd. XVI. — [16]) Ebd. — [17]) Travels, S. 108. — [15]) Journal, S. 313. — [19]) Karte in B. S. G. P. 1876. — [20]) Journal, S. 321. — [21]) Beaumier, B. S. G. P. 1868, Bd. XV, S. 307. — Travels, S. 63. — B. S. G. P. 1868, Bd. XV; Karte in 1 : 800000. — [22]) Beaumier, B. S. G. P. 1868, Bd. XV, S. 307. — Travels, S. 61. — [24]) Geolog. Karte in Travels. — [25]) Ztschr. f. d. ges. Ntw. 1881, S. 204. — [26]) Journal, S. 303. — [27]) B. S. G. P. 1881, Bd. I., S. 204. — Ztschr. d. V. d. Erdk. Berlin 1881, S. 277.

nach Maw¹) beim Kap Gir nahe an das Meer heran, während Jannasch²) im Zweifel ist, ob die mächtigen Austernbänke, welche er in der Nähe jenes Punktes den eocänen Sandsteinen aufgelagert fand, als tertiär oder kretazeisch anzusprechen sind. Das Tertiär scheint eine schmale Zone entlang der Küste einzunehmen⁵); Hooker⁴) erwähnt den leicht zerreibbaren Tertiärkalk des Felsens, auf welchem Mogador steht, und der Inseln, welche seinen Hafen schützen, die aber infolge der geringen Widerstandsfähigkeit ihres Gesteins an Umfang immer mehr verlieren⁵).

¹) Journal, S. 451. — ²) A. a. O., S. 264. — ³) Travels, Geolog. Karte. — ⁴) Journal, S. 86 u. 81. — ⁵) Hodgkin, On some superficial geological appearances in North-Western Morocco. Proc. of the geogr. Soc. London 1864, Novbr 28., S. 24.

Lebenslauf.

Paul Schnell, geb. am 11. Juli 1860 zu Mühlhausen i. Th., besuchte die Höhere Bürgerschule (Realprogymnasium) seiner Vaterstadt und die Realschule I. O. (Realgymnasium) zu Erfurt, welche er Ostern 1879 verliefs, um in Göttingen neuere Sprachen und Geographie zu studieren. Nach bestandenem Staatsexamen trat er Michaelis 1883 als Probekandidat in das Realprogymnasium zu Mühlhausen i. Th. ein und wurde nach Ablauf des Probejahres als ordentlicher Lehrer daselbst angestellt.

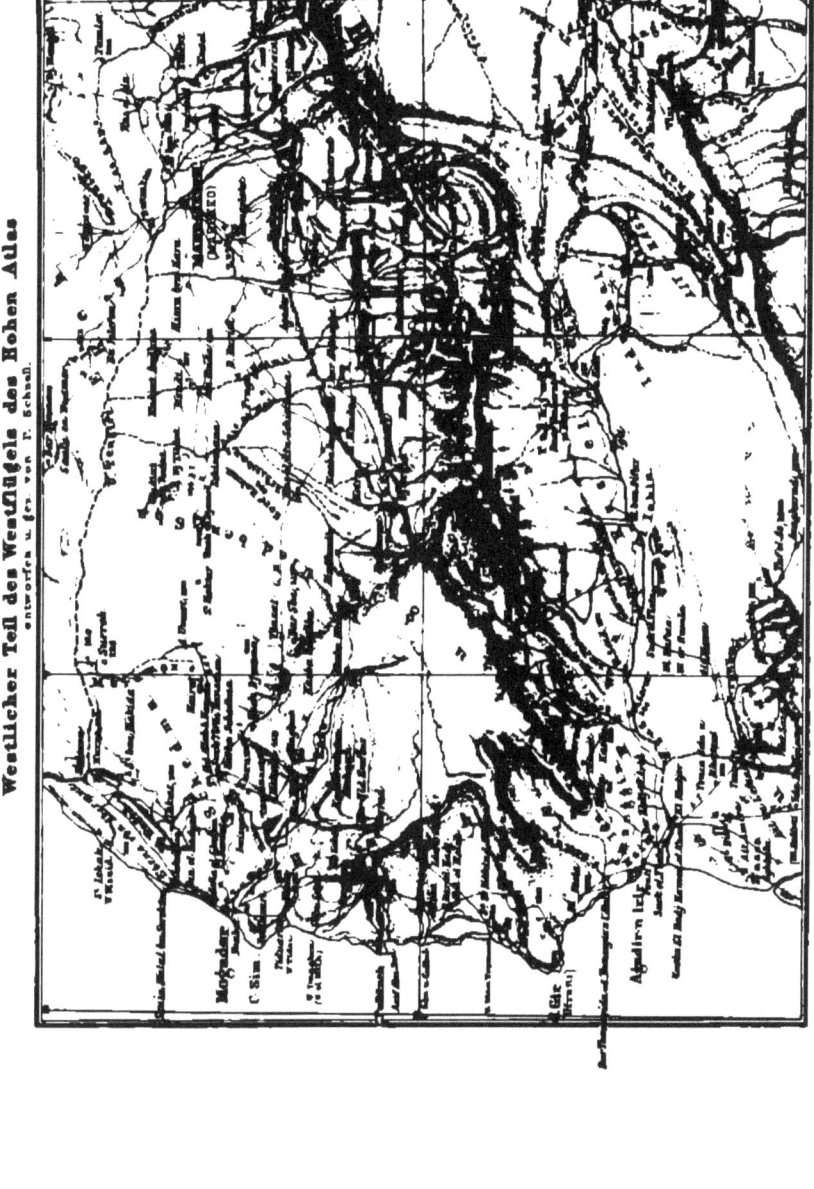